CHIARA

Chiara Gamberale est née à Rome, où elle vit toujours. Elle a publié son premier roman à 22 ans et construit depuis une œuvre singulière. Elle contribue également au quotidien *La Stampa* et à *Vanity Fair*. Son dernier ouvrage, *Dix minutes par jour* (Michel Lafon, 2015), est le premier à être traduit en français.

DIX MINUTES PAR JOUR

CHIARA GAMBERALE

DIX MINUTES PAR JOUR

Traduit de l'italien
par Élise Gruau

Michel LAFON

Titre original :
PER DIECI MINUTI

MIXTE
Papier issu de sources responsables
FSC® C003309

Pocket, une marque d'Univers Poche,
est un éditeur qui s'engage pour la préservation
de son environnement et qui utilise du papier fabriqué
à partir de bois provenant de forêts gérées
de manière responsable.

ISBN 978-2-266-26389-4

À Yab,
pour toutes les minutes de son avenir

Il existe en tout homme
des facultés latentes grâce auxquelles
il peut accéder à la connaissance du monde.

Rudolf STEINER

J'ai toujours habité la même maison à la campagne, aux portes de Rome, d'abord avec mes parents, puis avec une série de colocataires, et enfin avec l'homme qui allait devenir mon mari. J'étais mariée depuis dix ans et, depuis huit ans, je tenais la chronique « Les déjeuners du dimanche », dans un hebdo, chronique qui chaque semaine m'amenait à déjeuner avec une famille tout ce qu'il y a de plus normal ou au contraire de plus loufoque, en tout cas unique, et à le raconter.

En moins d'un an, d'octobre 2011 à septembre 2012, mon mari avait insisté pour que nous déménagions en ville, puis était parti sur un coup de tête faire un master à Dublin et, la veille de son retour, m'avait téléphoné pour m'annoncer que non, finalement il n'allait pas rentrer, mais que oui, il allait bien, et que si je n'avais pas de nouvelles pendant quelque temps, je ne devais pas m'inquiéter : au contraire, il venait précisément de découvrir que peut-être il était mieux sans moi. Bref, il avait besoin de prendre du recul par rapport à sa carrière et à son couple, et de réfléchir. Seul. En Irlande.

Entre-temps, le directeur du journal ne s'était pas montré plus délicat et, sans rien me dire, avait du jour au lendemain remplacé ma chronique par le courrier du cœur d'une certaine Tania Melodia, la grande gagnante de la dernière édition de « Loft Story ».

Mon père, ma mère, mon frère et mes amis, qui pendant que le monde s'écroulait autour et à l'intérieur de moi étaient restés sans vaciller à leur poste, se sont organisés dans les premiers temps pour, à tour de rôle, dormir avec moi, me traîner au cinéma, au parc, au karaoké, au stade, en vacances, et ne se sont pas dérobés aux coups de fil inutilement longs dénués du moindre « tu » (Comment vas-tu ? Que penses-tu ? Que fais-tu ? Tu te permets même d'exister, en ce moment ?) mais remplis seulement et exclusivement de mes « je » (Je n'existe plus, je vais mal, je veux mourir, et maintenant qu'est-ce que je fais ?) avec lesquels je les torturais.

Mais à juste titre, une fois le téléphone raccroché, ils retournaient à leurs vies.

La seule à ne plus en avoir, de vie, c'était moi.

Au lieu d'une vie, ne restait plus qu'une masse informe, effilochée, blessée, qui ne tournait plus qu'autour d'un seul thème, la disparition.

Une fois passé le moment de la douleur insupportable, il n'y eut même plus cela pour me tenir un petit peu compagnie.

J'allais me coucher avec comme unique pensée : l'espoir de ne pas me réveiller. À quoi bon ? Le grand amour que je devais vivre, je l'avais vécu, les meilleurs romans que je devais écrire, je les avais écrits, et il était sûr que je n'en écrirais pas d'autres où je m'exprimerais de façon si profonde, parce que je n'allais plus rien vivre qui me toucherait si profondément ; la maison de mon enfance était derrière moi et, avec elle, toute promesse convaincante de bonheur : « Et alors, s'il n'y a plus rien à écrire, s'il n'y a plus rien à vivre, s'il n'y a plus de famille avec laquelle chaque dimanche, je peux au moins avoir l'illusion qu'elle est la mienne, qu'est-ce que je fous là, moi, au monde ? » répétais-je en boucle tous les lundis à ma psy, le docteur T.

Cette dernière, un jour de décembre – inspirée par Rudolf Steiner et exaspérée par mon soliloque –, a mis fin à ma séance, en me lançant, intense et un peu magique comme elle sait l'être :

— Ça vous dit de faire un petit jeu ?

— ...

— Pendant un mois, à partir de maintenant, vous allez consacrer dix minutes par jour et d'affilée à faire quelque chose que vous n'avez encore jamais fait.

— C'est-à-dire ?

— Peu importe. Du moment que vous ne l'avez encore jamais fait ces trente-cinq dernières années.

— Presque trente-six.

— Presque trente-six. N'importe quoi. Pourvu que ce soit inédit.

— Pendant un mois.

— Oui.

— Pendant dix minutes.

— Pendant dix minutes.

— Mais… Vous êtes sûre que ça marche ?

— Ça dépend de vous. Les jeux sont faits pour les gens sérieux. Si vous décidez d'entreprendre ce jeu, vous ne devez pas rater un seul jour.

— Et après ?

— Après quoi ?

— Qu'est-ce qu'on gagne à la fin ? Vais-je récupérer ma vie ?

— Nous en reparlerons dans un mois, Chiara. En attendant, jouez, prenez-vous au jeu sérieusement, et ne trichez pas, surtout. Je vous attends lundi.

— À lundi.

Je n'avais rien à perdre : c'était bien là mon problème.

Du coup, c'était l'occasion ou jamais d'essayer.

De commencer le jeu des dix minutes.

Ce qui suit est le journal de ce mois-là.

– 1 –

Lundi 3 décembre
Lever du soleil 7 h 20
Coucher du soleil 16 h 40

Un vernis à ongles fuchsia

Le cabinet du docteur T. est situé en plein cœur de Rome, à deux pas de la maison où Mon Mari et moi avions déménagé deux mois et demi avant son appel de Dublin.

Entre les deux se trouve l'institut de beauté Isla, tenu par Cristina et Tiziana, les seules personnes dont je me suis tout de suite sentie proche dans le quartier, dans cette ville que j'ai toujours perçue comme vaguement hostile et qui, depuis que Mon Mari m'a abandonnée, s'est transformée en menace permanente.

J'ai grandi et j'ai toujours vécu à Vicarello, un hameau à une heure de Rome qui dort et s'ennuie au bord de son lac.

J'ai été beaucoup de choses, là-bas : triste, heureuse ; j'ai eu les cheveux au carré, longs, courts ; la rougeole, les genoux sales, j'y ai connu les cauchemars des dix ans, les secrets fous des quinze ; les déceptions des vingt, les stupeurs des vingt-cinq, j'y ai fait les bêtises des dix, quinze, vingt et vingt-cinq ans, pendant qu'à côté ma mère s'affairait en cuisine, que mon père allait et venait, que naissait mon frère, se promenait un chat, un chien, un autre chien, un voisin, un autre voisin, un autre encore ; je suis tombée amoureuse, on me l'a rendu, puis ensuite plus, j'ai été quittée, puis non, je me suis ennuyée, j'ai été ennuyeuse, désirée, perdue, crétine, épouse.

Mais toujours, et en toute circonstance, protégée.

De la violence de la réalité, disais-je.

De la responsabilité d'être vraiment une adulte, ou au moins de partir de ce lieu, disaient les autres : tant que tu n'auras qu'à traverser un bout de potager pour être chez tes parents, c'est kif-kif, tu le comprends ou pas ?

En tout cas, c'est vrai que je ne serais jamais partie, si l'installation électrique n'avait pas été aussi pourrie et si Ma Maison de Vicarello n'avait pas réclamé de tout son être de lourds et complets travaux de rénovation : mais ça prendrait du temps, c'était la réponse des ouvriers, pas mal de temps. Et alors pourquoi on ne louerait pas un appart à Rome pendant quelques années, comme ça, si finalement tu arrives à te convaincre qu'on vit bien mieux là-bas, c'est-à-dire loin de papa et maman au lieu d'à trois pieds de tomates de distance, c'est-à-dire à l'intérieur des choses plutôt qu'en dehors (et déjà rien que parce que moi, au lieu de me taper deux heures de voiture pour aller et revenir du cabinet, je pourrais y aller à pied, et que toi qui ne conduis pas, tu pourrais arrêter de vivre dans les trains), on vendrait la maison de Vicarello et on en achèterait une en ville ? avait proposé Mon Mari.

J'avais répondu d'accord : de toute façon, si je devais m'exiler de Vicarello, pour moi, un endroit en valait un autre, du moment que Mon Mari était avec moi.

Et voilà qu'au bout de trois mois à peine, il me laissait seule, dans cette maudite maison de ce maudit quartier de cette maudite ville.

En revanche, que Isla puisse apparaître comme un refuge, dans le vacarme inutile de Rome quand on ne sait plus qui on est, et que la chaleur et la bienveillance de Cristina et Tiziana n'aient rien à voir avec cette sympathie mondaine, cette gentillesse de façade des commerçants du quartier, je l'ai compris tout de suite.

Tiziana est toujours joyeuse, même quand elle est sérieuse. Avec ses grands yeux, son visage expressif, on dirait l'héroïne d'une bande dessinée, et sans qu'on s'en rende compte, justement parce qu'on ne s'en rend pas compte, elle nous fait penser à ce qui ne fonctionne pas, au paradoxe de l'être humain, à Dieu.

Cristina est la propriétaire de l'institut de beauté, elle vit de longs silences, de regards noirs et intelligents, elle adore lire et plonger, dans la mer comme en elle-même.

C'est elle qui m'ouvre quand je sonne, à peine sortie du cabinet de la psy.

— Tu es dispo ?

— Tu as besoin de combien de temps ?

— Dix minutes.

Le reproche que me font tout le temps Cristina et Tiziana est de ne jamais tenter une épilation définitive, un massage expérimental, bref, quelque chose qui donne à une esthéticienne l'occasion d'un frisson, une satisfaction supplémentaire par rapport à la tâche ordinaire : ramener la cliente au minimum syndical de décence.

— C'est bon, entre, dit Cristina.

Et à peine lui ai-je expliqué le jeu des dix minutes que ses yeux s'illuminent de petits feux dangereux. Elle se met à farfouiller dans un tiroir pour en sortir sa collection de vernis à ongles. J'ai peur.

Elle choisit le fuchsia. Avec des paillettes.

J'ai encore plus peur.

— Mais pas sur les mains.

— Bien sûr que si, rétorque-t-elle. Les pieds et les mains. Ça prendra peut-être plus de dix minutes, mais ce n'est pas un problème, n'est-ce pas ? Enlève tes chaussures et assieds-toi.

J'enlève mes chaussures et je m'assieds.

La seule couleur de vernis que j'aie jamais envisagée est le noir, et encore, toujours avec méfiance.

Parce que comme tu écris des livres, tu ne veux pas passer pour une fille angoissée qui écrit des histoires pour se comprendre elle-même, tu veux porter le sceau de l'intellectuelle rigoureuse et engagée, qui a l'air malade, la mine grave et le teint pâle, m'ont toujours dit Cristina et Tiziana.

C'est que les couleurs fortes, encore plus quand elles sont vives, me semblent donner à cette réalité qui m'effraie tant une sorte de droit de passage, une autorisation à continuer dans la même direction.

Parce que ton père aurait voulu que son aîné soit un garçon et que tu n'as jamais voulu le détromper complètement à ce sujet, disait Mon Mari.

Cristina commence à appliquer une base transparente sur mes orteils.

— Et à quoi ça sert, ce jeu des dix minutes ? demande-t-elle.

— Ben, la psy me l'a pas expliqué. Je crois que ça sert surtout à m'occuper l'esprit, à remplir le vide et à mettre de l'ordre dans le chaos qui me fait office de vie.

— Le vide et le chaos valent toujours mieux que ton ex-mari.

Cristina n'a jamais été très convaincue par mon couple.

— La première fois que tu es venue ici et que tu étais en train de te disputer avec lui par SMS, en étant incapable d'en expliquer le motif, on voyait bien qu'entre vous ça ne pouvait pas durer.

Je n'ai pas encore trouvé le courage de mettre Cristina dans la confidence : depuis la fin de l'été, Mon Mari, à sa façon, est en train de tenter un rapprochement.

Il a fini par rentrer de Dublin, disons-le comme ça.

Parce que en réalité, à Dublin, il n'y est resté que trois semaines.

Ensuite Siobhan, l'interprète qu'il a rencontrée au master, l'a ennuyé. Alors il est parti à New York, s'est laissé pendant un temps doucement mourir ou doucement vivre, selon les points de vue, et pendant l'été, il a pilé de la glace pour les mojitos dans un club de jazz jusqu'à ce que septembre arrive.

Une fois la période terminée, il a loué une chambre

chez un collègue et il est redevenu l'un des plus brillants avocats de son cabinet.

Au tribunal, quelques jours plus tard, il a vu la fille d'un accusé qu'il défendait. Elle avait de longues tresses, des yeux terrorisés et serrait contre elle une girafe en peluche comme s'il s'agissait du seul être au monde digne de confiance, capable de lui donner vraiment de l'espoir.

Son cœur a commencé à battre la chamade, ses tempes se sont mises à transpirer, puis tout est devenu noir et il s'est réveillé étendu par terre, dans la salle d'audience, avec les jambes tenues en l'air par son client : il venait d'avoir une crise de panique.

Cette enfant lui avait soudainement rappelé quelqu'un.

Et cette personne était sa femme.

Nous nous sommes connus quand nous avions dix-huit ans, Mon Mari et moi.

Notre lycée participait à une action du ministère de l'Éducation publique qui consistait à proposer la consultation d'un psychologue dans les écoles.

Chaque mois, dans chaque classe, les enseignants devaient signaler l'élève qui, selon eux, avait le plus besoin d'un soutien psychologique.

Nous nous trouvions tous les deux dans le premier groupe des élèves signalés.

— Toi, pourquoi tu es là ? m'a-t-il alors demandé.

— Parce que je trouve que je mange trop, mais d'après mes parents et mes profs, je ne mange rien. Et toi ?

— Parce que ma mère est tombée amoureuse de sa voyante et nous a quittés, mon père et moi.

— Ah, je suis désolée.

— Moi pas, je m'en fous complètement.

— Dans ce cas, pourquoi tu es là ?

— Parce que les profs pensent qu'au contraire je ne m'en fous pas du tout. Tes nattes sont vraiment très, très longues.

— Et toi, tu as les yeux jaunes.

Tout était dit, tout était plié.

Nous avons grandi ensemble : c'est ce que tout le monde pense, c'est ce que nous pensons aussi.

Mais la vérité est qu'on ne grandit pas ensemble juste comme ça ou par magie. Ça demande, au contraire, une immense attention. Et si l'un des deux grandit même seulement d'une demi-conscience plus rapidement que l'autre, mais que l'autre, au lieu de lui courir après, en est blessé et court ailleurs, court à New York par exemple, après c'est un enfer pour se retrouver.

Notre amour vivait de déceptions et d'incohérences déjà depuis quelques mois avant l'appel de Dublin, et maintenant ça reprenait de plus belle : si bien que Mon Mari, qui ces jours-ci remplit des cartons avec ses affaires, affirme ne s'être jamais senti aussi lié à moi, et que moi, je ne sais pas si je dois le prendre comme une déclaration romantique ou un symptôme pathologique.

— Tu le sais bien que ça ne pouvait plus durer, insiste Cristina pendant que, ça y est, elle attaque la pose du vernis fuchsia.

C'est immonde, me dis-je intérieurement.

— Sublime, s'extasie-t-elle.

— Oui, oui : bien sûr. Je le sais. Mais je me sens vraiment paumée, sur tous les plans.

Elle attaque par le gros orteil droit. Au secours.

— Allez, arrête un peu de te plaindre tout le temps. Tu l'écris finalement, ton nouveau roman ? Concentre-toi sur ça.

Deuxième orteil. Puis le troisième, le quatrième.

— Tu as raison, Cri. Mais là aussi il y a des complications. Il m'échappe complètement. Je te raconte en deux mots : c'est l'histoire de deux femmes qui, au supermarché, espionnent leurs caddies respectifs et se jalousent leurs vies : l'une d'elles est actrice, inconstante affectivement, débordante de passion mais ne connaît pas la paix, l'autre est une mère de famille qui semble avoir trouvé cette paix, mais à tel point qu'au lieu de la protéger, ça l'étouffe.

— Ça me plaît.

Le petit orteil. Regarde-le, là. Ce petit ongle minuscule et pourtant tellement rose. Fuchsia.

Quelle horreur.

— Le problème, c'est que, heureusement et malheureusement, si je sais exactement ce qui peut se passer dans la tête de la carencée affective, impossible de mettre les mots sur ce que ressent Erica, la mère de famille. En gros, il me semble qu'il manque dans les pages qui la concernent, le mot de passe pour entrer en elle.

Elle passe au pied gauche.

— Quel est son drame ?

— Ce n'est pas vraiment un drame… C'est plutôt une sensation. Tu vois ce truc quand ta vie te paraît bien être la tienne, mais qu'elle se passe sans toi ?

Et va pour la main droite.

— Bien sûr ! Quand tu as l'impression d'avancer sous vide. Moi j'appelle ça comme ça.

Avancer. Sous vide. Avancer sous vide.

Je sens que l'air me manque et que mon corps se met à flotter, hors de moi, dans une sorte de sachet. Et en dehors du sachet, le monde entier.

Ça pourrait être ce que ressent Erica ? Ça pourrait ?

Et va pour la gauche.

Les dix premières minutes sont passées.

Mes vingt ongles brillent, embarrassés de fuchsia.

Ils ne me plaisent pas, ou peut-être que si. Ils me ressemblent si peu, et en même temps, je suis tellement indifférente à moi-même que, par contraste, ils m'inspireraient presque de la sympathie.

En tout cas, grâce à ces dix minutes, Erica m'a donné le sésame qui me permet d'entrer en elle.

Parfois, ces derniers temps, j'ai l'impression d'avancer, comment dire, sous vide.

Belle, juste et bien d'elle, comme expression.

Pour un roman qui se déroule dans un supermarché, c'est d'autant plus parfait.

Tout le mérite en revient à Cristina, bien sûr, et pas au jeu. Mais d'un autre côté, s'il n'y avait pas eu le jeu, aujourd'hui je ne serais pas entrée ici.

Bon.

Bien.

Ça vaut le coup de continuer.

– 2 –

Mardi 4 décembre
Lever du soleil 7 h 21
Coucher du soleil 16 h 39

Salle de gym en centre-ville

À Vicarello, ça oui, la salle de gym était digne de ce nom : c'était même devenu un de mes nombreux – et destructeurs – leitmotive, dès notre installation en ville.

En effet, à Vicarello il n'y a rien à part la campagne, tandis que dans le centre de Rome, la beauté et tout le toutim laissent évidemment peu de place pour une chose aussi encombrante qu'une salle de gym conséquente.

— Ici, tout est de gauche ! me défoulais-je auprès de Mon Mari.

— Toi aussi, me faisait-il remarquer.

— D'accord, mais une salle de gym doit être de droite. Tu es déjà entré dans celle en bas de la maison ? On dirait un centre social. Même la responsable, on dirait une bibliothécaire, avec son air intelligent et son sens de la repartie.

— C'est ce que tu recherches habituellement, chez les gens…

— Mais pas à la gym ! À la gym, j'essaie de faire de la gym. De confier mes névroses à cette baby-sitter formidable qu'est l'activité physique. Sur le tapis roulant à côté du mien, je n'ai aucune envie de me retrouver avec une minette qui court après son anorexie.

— Toi aussi, tu as eu des problèmes d'anor…

— Justement ! Si l'idée, c'est, je ne dis pas de résoudre mes problèmes, mais au moins de m'en distraire, j'ai besoin de gens différents de moi. Meilleurs que moi ! Tu ne comprends pas ? Des gens qui fassent vraiment de la gym, quand ils vont à la gym. À qui je ne puisse en aucun cas, ne serait-ce qu'un quart de seconde m'identifier, qui si possible ne s'aperçoivent même pas que j'existe : je ne veux pas être entourée des névrosées comme moi, avec lesquelles on parlerait direct somnifères, discuterait des raisons de la mort de David Foster Wallace[1] et de laquelle le regrette le plus. Je veux juste faire de la gym !

— Il doit bien y avoir d'autres salles que celle en bas de chez nous dans le quartier. Et de toute façon, tu fais comme tu le sens.

Tu fais comme tu le sens.

C'est la phrase avec laquelle Mon Mari, les derniers temps, concluait toutes les discussions quand il devenait évident qu'on était en train de parler de moi et qu'il n'y avait aucune marge pour renverser la question et déplacer l'attention sur lui.

C'est la phrase avec laquelle je les concluais aussi,

1. Écrivain américain qui s'est suicidé en 2008, à l'âge de 46 ans.

les discussions, quand le contraire se produisait, que l'attention ne pouvait pas se détourner de lui à moi.

Tu fais comme tu le sens.

On devient tellement sourds quand la peur de se perdre est plus grande que le désir de se garder…

Enfin.

Jusqu'au mois de juin, j'ai fait comme je le sentais : et au lieu de fréquenter ce centre social mal caché derrière ses faux airs de salle de gym, pour donner leur baby-sitter à mes névroses, j'allais et revenais à pied du domicile des familles protagonistes de Ma Chronique « Les déjeuners du dimanche ».

Des heures et des heures à pied, dans la ville.

Mais depuis juillet, je n'ai plus Ma Chronique et je n'ai plus de maisons où aller et d'où revenir.

J'ai une insomnie à qui cette baby-sitter géniale manque toutes les nuits.

Et j'ai dix minutes à employer à quelque chose de nouveau.

GRANDE SALLE DE GYM AU CENTRE DE ROME : je tape sur Google, à peine réveillée, de mes doigts encore un peu étourdis par leur vernis fuchsia.

Je clique sur le premier résultat : salle de sport Royal Club, dans la rue Barberini.

Dehors il pleut, il fait froid, mais maintenant j'y suis.

Ou mieux.

J'y vais.

Elle n'est pas exactement à un mètre de chez moi comme l'était celle de Vicarello, pense celle en moi qui ne s'est pas encore résignée à habiter là où pendant encore un an elle devra habiter, celle qui n'aspirait qu'à Sa Grande Route de campagne, Son Mari et Sa Chronique pour toute la vie. Finalement la salle de sport n'est même pas si éloignée de chez moi, elle déjoue l'exiguïté imposée par le centre-ville avec des espaces en sous-sol, assez spacieux et assez à droite, et sur un des tapis roulants, j'ai entrevu une fille avec des jambes immenses, bronzée comme en plein mois d'août, arborant un tee-shirt SANS JE SUIS MIEUX, pense celle en moi qui signe la fiche d'inscription et qui, aujourd'hui encore, rapporte à la maison – avec une petite serviette-éponge qu'elle a gagnée en tirant un numéro d'un sac de toile que lui a tendu la propriétaire en échange de son chèque – ses dix minutes.

– 3 –

Mercredi 5 décembre
Lever du soleil 7 h 22
Coucher du soleil 16 h 39

Le violon

Avec cette habituelle difficulté à me lever le matin et ces inhabituels ongles fuchsia, je me prépare un café, je travaille à mon roman, et vais pour la première fois dans mon nouveau club de gym.

Je fais une demi-heure de tapis roulant, un quart d'heure de vélo, vingt minutes d'abdominaux.

À part un monsieur qui travaille avec un *personal trainer* à combattre sa sciatique, il n'y a personne, trois des six téléviseurs sont réglés sur « Bon appétit bien sûr », deux sur une chaîne de vente à distance, un sur une chaîne sportive : pas le moindre de mes terribles sosies à l'horizon, le Royal Club pour le moment ne me déçoit pas.

Je rentre à la maison, travaille encore au roman, grignote une tranche de Savane et un yaourt, comme toujours depuis que je n'ai plus Mon Mari à imiter pour déjeuner et dîner comme une personne normale – chose qu'à la vérité je n'ai jamais bien réussi à faire.

Ensuite Rodrigo sonne à l'interphone : et le voilà, beau et compliqué comme toujours.

Il y a quelque chose en moi / qui ne va pas / mais qui nous rend semblables toi et moi est le texte d'une chanson du groupe dans lequel il joue, les Afterhours. Et ça dit tout, en ce qui nous concerne.

— Mon.

— Ma.

Nous nous connaissons depuis quelques années, depuis qu'il a composé la musique pour la bande-annonce d'un de mes romans, mais c'est comme si notre amitié avait des racines bien plus lointaines.

Il est né à São Paulo, au Brésil, il vit ici et là, pour le moment à Milan, et quand il est de passage à Rome, il fait escale sur notre canapé-lit.

Mon : *mon* canapé-lit.

Je n'arrive pas encore à me penser au singulier, surtout quand il s'agit de moi en rapport avec cet appartement. Ainsi, les premiers mois par nécessité, maintenant peut-être par paresse, cette maison se transforme peu à peu en arche de Noé, un endroit où s'abriter de ce déluge universel qu'est la solitude et se soutenir les uns les autres, entre animaux d'espèces variées – seuls par choix, seuls par vocation, seuls parce que ça arrive, seuls parce que abandonnés.

Mon Mari et moi, à Vicarello, avons toujours vécu la porte ouverte à l'imprévu : mais quand elle se refermait, il était là avec moi. Maintenant, quand la porte se referme, parfois je me sens encore plus seule et plus vide qu'avant de l'avoir ouverte pour faire entrer quelqu'un.

Bien sûr, je suis en train de découvrir que les personnes égarées ont un instinct exceptionnel pour se trouver entre elles, slalomant entre les familles heureuses, les couples qui marchent, ceux qui ne marchent plus, mais qui, quand même, gardent leurs douces habitudes du week-end.

Pourtant, même si entre gens paumés nous nous serrons les uns contre les autres, rien ne dit que le vide se comble : pire, presque toujours il se creuse.

Au fil des mois, à mes amis de toujours se sont ajoutés les amis de mes amis de toujours, puis les amis des amis des amis, et ils sont nombreux, maintenant, à passer ici pour prendre un café, regarder un match, dire coucou. Ils vont, ils viennent, puis s'en vont à nouveau.

Rien à faire : quand la porte se referme, le vide se fait plus grand.

À moins que, au lieu de venir et s'en aller, quelqu'un ne reste, comme le fait Rodrigo, pendant quelques jours.

— Alors, comment ça va ?

— Tout va mal, merci. Pas d'hommes, pas de travail.

— Mais ce sont les romans que tu écris, ton travail.

— Ça, c'est ma passion.

— Imagine la chance que tu as de les faire coïncider. Moi, je n'oublie jamais combien je suis privilégié de vivre de mon violon.

Comme d'habitude, il a raison.

— Mais Ma Chronique m'aidait à avoir un rythme, tu comprends ? Un rempart face au vide, une feuille de route. Surtout depuis que…

— … ton mari est parti. Ça suffit, Chiara ! Ça fait déjà un an au moins.

— D'accord, ça suffit. Mais même l'écriture risque de se perdre dans le vide, si je n'ai pas de barrage pour la contenir, pour qu'elle reste à sa place.

— Alors essaie de le regarder dans les yeux, une bonne fois pour toutes, ce vide.

— Ils sont laids.

— Qui ?

— Les yeux du vide.

— Pauvre vide. C'est juste qu'il louche un peu.

— Pourquoi ne sommes-nous jamais tombés amoureux, toi et moi ?

— Pour ne pas tout gâcher, je crois.

— Ah oui.

— Ah oui.

Nous allons faire un tour, la pluie de la veille a chassé tous les nuages, le ciel semble avoir inventé le bleu tellement il a l'air sûr de lui.

Rodrigo me parle de sa tournée exaltante pour le dernier disque des Afterhours, *Padania*, d'une fille enfin différente des autres, d'une douleur au bras, de combien est secret et captivant le monde du hip-hop.

Les premiers jours après l'appel de Dublin de Mon Mari, quand quelqu'un me parlait, je voyais ses lèvres bouger, mais je n'arrivais pas à écouter. Ton Mari est parti, Ton Mari est parti, me répétait tout, autour de moi.

Puis un mois a passé, puis un autre, un autre encore, puis quatre, cinq, six, l'été est arrivé. Gianpietro, le plus ami de toujours de mes amis de toujours, m'a traînée avec lui et son fiancé du moment à Formentera, et je ne saurais pas dire comment – le fait est que j'ai passé deux semaines à fumer seule sous la véranda –, vraiment je ne saurais dire comment c'est arrivé, mais c'est arrivé : un matin d'août, je me suis réveillée, et pendant que la mer faisait la mer, que le ciel faisait le ciel, Gianpietro faisait Gianpietro, tout à coup je me suis rendu compte : qu'il y avait la mer, qu'il y avait le ciel, qu'il y avait Gianpietro. Et j'ai découvert que j'avais survécu. Je n'étais pas très contente au début : j'avais quasiment l'impression de tromper Mon Mari à mon tour en recommençant à respirer, à manger, à écrire.

À survivre, justement.

De temps en temps, je tombe en arrière, ou peut-être qui sait, je prends mon élan.

En tout cas, ça me surprend encore, maintenant, d'entendre une voix qui n'est pas celle de ma tête exténuée ou de mon cœur éploré, pendant que Rodrigo parle : c'est vraiment la voix de Rodrigo.

Je lui raconte le truc des dix minutes et la chose se produit d'elle-même.

— C'est dingue de ne jamais l'avoir fait avant, dit-il.

— Tu ne me l'as jamais proposé.

— Toi non plus.

J'aurais cru que ça pesait beaucoup plus lourd, un violon. En fait, c'est tout léger, quand on le soulève de son étui on a presque peur de lui faire mal.

En dix minutes, ou presque, Rodrigo ne parvient qu'à m'apprendre la position : une question plus esthétique que technique, assure-t-il. Il faut être beau, au moins autant que l'instrument que l'on tient dans les bras : il faut être à sa hauteur. Ensuite, il positionne ma main gauche, et de la droite me fait empoigner l'archet pour le faire glisser sur les cordes.

Je joue à vide, nous n'avons pas le temps d'apprendre à placer mes doigts sur les cordes, et pourtant je réussis enfin à comprendre ce que peut ressentir Rodrigo avec cet objet si léger dont il cherche à tirer le meilleur afin de surprendre ; lui le premier, puis ceux qui l'écoutent.

Ce que je découvre s'apparente à ce que nous éprouvons, nous autres, le commun des mortels, qui à un concert nous contentons simplement de taper en rythme dans nos mains.

En venant au monde, il nous est fait don d'un bel instrument : nous devons être à sa hauteur.

En plus d'être beau, il est extrêmement délicat, cet instrument : il n'appartient qu'à nous, et à nous seulement, de nous en servir avec puissance.

– 4 –

Jeudi 6 décembre
Lever du soleil 7 h 23
Coucher du soleil 16 h 39
Dernier quartier de lune 16 h 33

Pancakes (au Nutella)

— Allô ?

— C'est moi.

— Salut, toi.

— Salut, Mister Magoo. (C'est comme ça que m'a toujours appelée Mon Mari.) Tu fais quoi ?

— J'écris.

— Moi, je suis en pause-déjeuner. Tu me rejoins ?

— Pourquoi ?

— Il faut que je te parle, Magoo. J'ai fait un rêve cette nuit.

— Et ?

— Nous étions à Vicarello, et dans le potager gambadaient deux coatis. Tu t'en souviens ? Ces animaux marrants que nous avons vus au Costa Rica.

— Bien sûr que je m'en souviens.

— On rigolait bien, dans le rêve. Et on sautait avec les coatis. Quand je me suis réveillé, je me sentais super mal.

— Bienvenue, à toi aussi, dans le monde des rêves d'après la fin d'un couple. Plus ils sont beaux, plus au réveil, ils ressemblent à des cauchemars.

— Magoo.

— Hmm.

— Notre couple ne doit pas finir comme ça.

— Il est déjà fini.

— C'est faux. Mon Dieu, si j'ai fait ce que j'ai fait, si j'ai pété les plombs, ce n'est pas parce que je suis un monstre… J'étais trop malheureux, Magoo. Trop.

— Moi aussi, je l'étais. Mais je n'aurais jamais disparu pendant neuf mois. Je ne t'aurais jamais abandonné.

— Et si justement mon abandon nous donnait la possibilité de nous retrouver ?

— Ça dépend de toi.

— Non. Ça dépend de *toi*. Depuis le déménagement, tu étais devenue insupportable, nom de Dieu. Insupportable. Jamais contente, toujours énervée, toujours plus dingue.

— Le changement me terrorise, tu le sais.

— Mais *toi*, tu me terrorisais, *moi*.

— Tu aurais pu m'aider au lieu de te laisser terroriser. De toute façon, je ne pense pas que mes angoisses de déménagement soient l'explication, ou tout au moins pas la seule, de ce qui s'est passé entre nous.

— Bien sûr, tu as raison. La vraie raison en effet, c'est ton évolution, tu sais ce que j'en pense. Depuis que tu t'es mise à écrire des livres, depuis qu'on t'a confié cette maudite chronique, depuis que tu as commencé à avoir l'impression de te réaliser en somme, j'ai vu mourir chaque jour un peu plus la fille avec des tresses que j'avais connue dans la salle d'attente du psy.

— J'avais dix-huit ans. J'en ai presque trente-six.

— Et tu ne peux pas continuer à en avoir dix-huit ? Excuse-moi mais qu'est devenue la tendresse de cette fille ?

— Elle était dévastée par un sentiment d'insécurité pathologique, cette fille.

— Mais elle était douce. Tu veux savoir ce qui, chez Siobhan, m'a bouleversé au point de te quitter par téléphone ?

— Non, merci.

— Sa douceur. Siobhan traduisait ses documents de l'italien à l'anglais, allait faire du yoga, prenait un apéro avec ses amis et cuisinait le soir des pancakes exceptionnels. Tranquillement, tu comprends ? Sans toutes ces névroses, ces explications, ces « parlons-en », ces « bien-sûr-tu-te-comportes-comme-ça-parce-que-reconnais-le-tu-n'acceptes-pas-le-fait-que-ta-mère-soit-partie-avec-sa-voyante » dont tu as besoin, et avec lesquels tu m'agressais.

— Repars à Dublin chez Siobhan, alors.

— Tu veux rire. La question n'est pas là. Ce que je voudrais, c'est que tu fasses tienne la douceur de Siobhan, tu vois ? C'est ça que je veux dire, quand je dis que notre avenir ensemble dépend de toi.

— OK. Maintenant, je dois y aller, j'ai un rendez-vous.

— Avec qui ?

— Avec un jeu.

— Quoi ?

— Laisse tomber.

— Tu vois que tu n'y arrives pas du tout, à être douce ?

— Au revoir.

Les conversations téléphoniques avec Mon Mari m'achèvent.

Mais à chaque fois que son nom clignote sur l'écran de mon portable, j'espère encore. Qu'arrive enfin *le* coup de fil :

« Magoo, je me suis trompé sur toute la ligne, j'ai été un pauvre fou, toi tu es splendide, je ne sais pas vivre sans toi, sous-louons l'appart de Rome et retournons vivre à Vicarello. Toi et moi. Pour toujours. »

Un appel simple et clair : aussi simple et clair que l'a été son appel de Dublin.

Qui sait pourquoi certains abandons sont si nets quand certaines reconquêtes sont si floues.

Moi, je sais. Je sais ce qu'il ressent, Mon Mari. Je le connais depuis dix-huit ans et les pauses dont il a besoin, les quintes de toux, les accès d'arrogance, d'après moi, ne sont que des mots. Des mots d'amour. Mais pourquoi n'arrive-t-il pas à les dire ? Peut-être parce qu'il a peur ? Et de quoi précisément ? Ou peut-être est-ce parce que en réalité, ce n'est pas vrai. Je ne le connais pas. Ou alors je le connaissais, mais je ne le connais plus ? Non, non ; non. Ça n'est pas possible. Connaître vraiment quelqu'un est quelque chose de tellement complexe, rare, fatal. Connaître vraiment quelqu'un, c'est pour toujours.

Mon téléphone sonne de nouveau. Et si ? Peut-être ? Non : sur l'écran s'affiche le nom de Gianpietro.

— Salut !

— Salut, chérie. Ça sonnait tout le temps occupé,

ne me dis pas que tu étais encore à perdre ton temps avec Ta Mari…

Gianpietro a été mon premier colocataire pendant nos années d'université. Il travaille maintenant dans la banque, à Palerme, il voudrait bien être Madonna, mais se contenterait aussi de Beyoncé : l'important, c'est de briller, c'est son mantra, tandis que sur le parking de la banque, dès qu'il a fini le boulot, il enlève sa cravate et sa veste à fines rayures blanches sur fond bleu marine, se passe un peu de mascara sur les cils et s'enroule autour du cou un boa bleu électrique.

Il est convaincu qu'en chacun de nous, surtout si – je n'ai jamais compris exactement pourquoi – on fait de la politique ou si on tient un blog, se cache une diva frustrée, et que le problème de notre société est que personne ne l'admet. Gianpietro, lui, l'admet, du coup il s'occupe d'aider ceux qui n'arrivent pas à être sincères avec eux-mêmes et transforme tout (à moins qu'on parle de son père) au féminin. Les Francesco deviennent pour lui des Francesca, les Nicola des Nicoletta, un arbre est une arbre. Mon Mari est Ma Mari. Les hommes ne le prennent pas toujours bien.

— Si, j'étais avec lui au téléphone. Il me disait que sa fiancée irlandaise était douce, et que je devrais suivre son exemple. Qu'elle faisait du yoga, prenait des apéros avec ses amis et cuisinait des pancakes exceptionnels.

— Vraiment une fille à en perdre la tête…

— Justement, il dit qu'il veut être avec moi. Mais il voudrait que je sois douce comme elle.

— *« Je ne suis pas une tombe, je suis une bombe. »* Tu le lui as dit, chérie ?

— Non, quel dommage, comment ai-je pu ne pas y penser ?

— Écoute, maintenant ça suffit ta complainte de Demi Moore abandonnée. Elle au moins, elle était avec Ashta Kutcher, elle a le droit de souffrir. Toi, un peu moins. À moins que tu ne veuilles comparer Ta Mari à Ashta ?

— …

— Ah, voilà. Bon, tu continues ton délire des dix minutes ?

— J'étais justement en train de penser à ce que je pourrais faire aujourd'hui.

— Tu n'as qu'à préparer des pancakes, chérie !

— Mais je ne sais même pas faire bouillir de l'eau pour les pâtes !

— Justement. N'es-tu pas censée faire quelque chose que tu n'as jamais fait ? Allez ! Internet regorge de sites de recettes même pour les incapables dans ton genre. Essaie avec atelierdeschefs.fr ou marmiton.org, comme ça après tu appelles Ta Mari et tu lui dis : « Chéri, tu n'avais pas besoin d'aller jusqu'à Dublin si tu voulais juste des pancakes. Il suffisait de me laisser dix minutes ! »

— Tu me manques, Gianpi.

— Toi aussi. Mais je monte à Rome pour Noël.

— Certain ?

— Certaine. À moins que mon père ne se décide à décrocher son combiné pour m'inviter à passer le réveillon avec lui, bien sûr. Mais je ne pense pas que cela se produise, chérie. Au bout de dix-neuf ans, ça m'étonnerait.

— Je suis désolée.

— Moi, je suis désolée pour lui qu'il ne profite pas

de la merveilleuse soubrette qu'est sa fille. S'il savait que depuis que j'utilise la crème All Day All Year de Sisley on me donne huit ans de moins… *Huit*, tu te rends compte, chérie ?

— Je me rends compte.

— Ça pourrait le rendre super fier. Le pauvre.

— Le pauvre. En effet.

www.marmiton.org

PANCAKES AU NUTELLA
Ingrédients (pour environ 12 pancakes)
125 g de farine
200 ml de lait
25 g de beurre
2 œufs
15 g de sucre – ½ sachet de levure
2 cuillères de Nutella
1 pincée de sel

Difficulté : facile
Temps de préparation : 10-15 minutes

Séparez les blancs des jaunes et versez ces derniers dans un récipient où vous ajouterez le lait, le beurre fondu et le Nutella. Mélangez bien et ajoutez la levure et la farine que vous aurez mélangées ensemble auparavant. Dans un autre récipient, montez les blancs en neige avec le sucre et intégrez-les au reste avec un mouvement du bas vers le haut. Nous conseillons de ne pas monter les blancs trop fermes mais de les laisser assez mous, sinon vous risquez d'avoir des grumeaux dans la pâte.

Faites chauffer une poêle de diamètre 10-12 cm et mettez une noix de beurre au fond. Versez au centre un peu de pâte et laissez-la se répandre. Quand le pancake sera doré, retournez-le avec une spatule ou faites-le sauter comme une crêpe et faites dorer l'autre côté. Mettez le pancake dans une assiette sur laquelle vous empilerez les autres quand ils seront prêts.

Servez-les recouverts d'un peu de Nutella, ou bien de sirop d'érable, ou de fruits frais et de crème Chantilly.

Je ne sais pas exactement à quoi ressemble une spatule, ni comment on retourne une crêpe.

Mais dans le jeu des dix minutes, ce n'est pas une condition nécessaire de réussir les choses nouvelles : non.

Il suffit d'essayer.

Et déjà, rien que de faire les courses pour cuisiner est une nouveauté absolue. Je choisis les œufs en fonction de la boîte qui me plaît le plus (une de six, sur laquelle une poule sourit à un poussin et semble m'encourager moi aussi), pour le reste, j'y vais au pif. En bonne ex-anorexique je lis le nombre de calories sur le pot de Nutella et, honnêtement, la tentation de tout laisser tomber est forte.

Rodrigo avait un concert ce soir, il rentre vers quatre heures du matin et me trouve encore éveillée, en cuisine, en train de regarder fixement une assiette.

— Qu'est-ce que tu fous ?

— Je regarde ces pancakes.

— Ils ne sont peut-être pas faits juste pour être regardés.

— Mais ils me semblent tellement exceptionnels…

— Qu'ont-ils de particulier ?

— C'est moi qui les ai faits.

— Jure-le.

Dans le frigo de Chiara, il n'y a que de la lumière est une blague inventée par Rodrigo justement. Et c'est vrai. Ou plutôt, *c'était* vrai : parce que aujourd'hui, on y trouve quatre œufs, une plaquette de beurre, un pot de Nutella. Et du lait frais : Rodrigo sort la bouteille et prend deux tasses, des couverts et des serviettes. Il fait réchauffer les pancakes au four.

— Dans la vie, le courage est tout. Goûtons-les !

J'aurais pu mettre moins de sucre. J'ai peut-être fait l'erreur que marmiton.org conseillait d'éviter : j'ai dû monter les blancs en une « neige très ferme », même si je ne sais pas exactement ce que cela signifie. En tout cas, la pâte est truffée de grumeaux. Qui plus est, trois des douze crêpes, malgré leurs efforts, ne ressemblent vraiment pas à des pancakes mais plutôt respectivement à un petit pain, un petit saucisson et une flaque.

Je mange le petit pain. Rodrigo mange la flaque et deux autres qui, en tout cas à les voir, ne laissent aucun doute : ce sont vraiment des pancakes.

Gianpietro avait raison.

Il suffisait de lui dire quand il a téléphoné de Dublin : « Mon amour, mais tu es vraiment en train de me quitter pour une fille qui sait faire les pancakes ? Tu sais que je peux apprendre, moi aussi. Il suffit de rien. Donne-moi dix minutes et tu verras. »

– 5 –

Vendredi 7 décembre
Lever du soleil 7 h 24
Coucher du soleil 16 h 39

Cours de hip-hop

Et puis, comme tous les vendredis, voilà Ato qui arrive.

— Vous vous êtes séparés parce que tu voulais un enfant et Ton Mari, non ?

C'est la question que j'ai entendue le plus souvent au cours de ces derniers mois.

— Non, pas du tout.

C'est vrai, seulement en partie.

C'est vrai parce que aucune horloge, en moi, ne s'est encore manifestée.

Mais ce n'est pas vrai parce que ça fait longtemps que je ne pensais plus que Mon Mari et moi nous suffisions à nous-mêmes.

Ou plutôt :

— Tu es devenue insupportable, Magoo.

— Toi aussi.

— Toi plus.
— Non, toi.
— Toi.
— Et si nous les envoyions balader, mon amour ?
— Qui ?
— Le moi. Le toi. Si nous nous ouvrions au nous ?
— Ça veut dire quoi ?

J'aurais été bien en peine de l'expliquer, mais c'est sûr que ça ne voulait pas dire s'ouvrir à Siobhan et passer l'été à faire des mojitos à New York.

En tout cas, la nécessité de laisser derrière nous ces deux égocentriques de dix-huit ans qui, à force de dire « je », s'étaient convaincus l'un l'autre de dire de temps en temps « tu », mais qui à l'heure actuelle ne s'en servaient que comme d'une arme (TU es insupportable, TU ne comprends pas, TU n'imagines pas, TU n'es pas MOI), je la ressentais. Indistincte, mais je la ressentais.

J'ai connu la Cité des Enfants par le biais de Ma Chronique « Les déjeuners du dimanche ».

« Les familles sont là où elles s'inventent » était le sous-titre de Ma Chronique. Donc, bien qu'il n'y ait pas un père et une mère, mais seulement plein d'enfants, la Cité des Enfants était un lieu incontournable à raconter.

La vision de génie de monseigneur John Patrick Carroll-Abbing, en 1953, avait été précisément de donner une famille à des enfants du monde entier qui, d'une façon ou d'une autre, en avaient été privés : « Une communauté fraternelle où les jeunes, devenus cyniques à force de mauvaises expériences, apprendraient le difficile art de vivre ensemble en liberté, dans un respect mutuel, en paix ; un lieu serein où tout enfant asocial rencontrerait de la compréhension pour ses difficultés et de l'encouragement dans son effort pour s'élever ; un lieu où le jeune, aiguillé pour développer ses qualités propres, pourrait progresser jour après jour. »

Ce sont ses mots, à Carroll-Abbing. Qui ne s'est pas contenté de la vision : il a mis au point une méthode. Parce que « personne ne nie qu'il est nécessaire d'éduquer les jeunes : certains pourtant continuent de prétendre que cela peut se faire sans leur donner de responsabilités concrètes, sans qu'ils aient la liberté d'organiser des programmes, de faire des choix, c'est-à-dire de courir le risque de se tromper. »

La Cité n'a pas peur de ce risque : et en plus d'accueillir des orphelins de guerre, des réfugiés politiques, des enfants italiens ou étrangers de douze à dix-huit ans qui ont l'enfer derrière eux et en eux, et de s'occuper de les envoyer à l'école, elle les pousse à s'autogérer, à s'organiser comme s'ils vivaient dans une municipalité. Avec tout ce qu'il faut d'assemblées citoyennes et d'élections mensuelles du maire et de ses conseillers.

Ainsi, en banlieue de Rome, dans la rue de la Pisana, la Cité des Enfants se réveille tous les jours dans le vert sans limites de la campagne, contre le noir douloureux de leur passé, vers les couleurs inespérées que peut prendre l'avenir. J'avais passé une semaine particulièrement dense : d'histoires, de conquêtes, d'échecs, de visages. De silences. Celui d'Ato, par-dessus tous les autres.

Il venait alors d'être élu maire pour la troisième fois consécutive. Un sourire brisé, dix-huit ans, il était arrivé d'Érythrée depuis trois ans, à la Cité depuis deux. Il était différent de tous les autres enfants : ou peut-être que les personnes qui désormais font partie de notre vie nous semblent toujours différentes – même quand on les regarde rétrospectivement, à travers le prisme déformant de notre première rencontre. Qui sait. En tout cas, c'est sûr qu'Ato m'est apparu immédiatement fier, saturnien, irrémédiablement mystérieux.

— Comment es-tu arrivé en Italie ? lui ai-je demandé, un jour où il s'est assis à côté de moi au déjeuner.

— À cause d'une série de merdes, a-t-il répondu, lui qui cherche encore les mots pour réussir à raconter ce qui est arrivé en Érythrée quand, alors qu'il avait tout, il s'est retrouvé avec moins que rien, dans un avion en direction de l'Italie. C'est un des infatigables et lumineux psychologues qui collaborent avec les éducateurs de la Cité qui me l'a raconté. Moi je ne l'ai jamais raconté à personne dans le détail, pas même à Mon Mari.

« À cause d'une série de merdes » me semble une explication plus que suffisante.

Pourtant.

— Chéri, à la Cité des Enfants, j'ai rencontré un garçon. Il est extraordinaire, je t'assure. Il a connu une incroyable série de merdes : et pourtant il rayonne. Il a une sorte d'élégance de l'âme, voilà.

— Serais-tu comme tes confrères en train de devenir une spécialiste des beaux discours, Magoo ? Tu concluras ta chronique de dimanche prochain avec quelque chose comme « rien ne naît des diamants, tandis que du fumier naissent les fleurs » ?

Je ne me souviens plus pourquoi, ce matin-là, pour changer, nous nous étions disputés, et pourquoi il avait encore besoin de me le faire payer.

— Je suis sérieuse, mon amour. Il s'appelle Ato. Le seul avantage de notre maison est qu'elle a une chambre et une salle de bains de plus que celle de Vicarello. Pourquoi ne le recevrions-nous pas chez nous, le week-end ?

— Mais Magoo, voyons. Nous ne sommes même pas fichus de prendre soin de nos gros orteils ! Imagine ceux d'un jeune homme.

— C'est effectivement vrai, mais tu noteras bien que je ne te demande ni de faire un enfant ni d'en adopter un. Ato mesure plus d'un mètre quatre-vingts, il est majeur, et vacciné depuis belle lurette. Les samedi et dimanche, à la Cité des Enfants, les assemblées, les activités sportives et tout le reste s'interrompent. On pourrait l'aider à étudier, il est au lycée technique et il a quelques difficultés en maths et en italien. En plus, son école est à quatre stations de métro d'ici. Nous pourrions être, je ne dis pas un père et une mère, bien sûr, mais, je ne sais pas, moi, un peu comme un grand frère et une sœur… Et si ça marche, nous pourrions devenir une sorte de succursale de la Cité des Enfants.

Ça me semblait une façon comme une autre de passer à ce « nous ».

Mon Mari ne l'entendait pas ainsi :

— On ne règle pas ses problèmes de couple en résolvant les problèmes de quelqu'un d'autre. On ne fait qu'ajouter ses problèmes à ceux de son couple.

— Mais moins par moins, ça fait plus en maths.

Nous avions tous les deux raison.

Le fait est que, quelques semaines plus tard, il était parti à Dublin. Ma Chronique avait disparu.

Dans l'obscurité qui s'est abattue sur moi tout à coup, tout a disparu : le pourquoi, le où, le je, le tu. Pire encore pour le nous.

Jusqu'à ce qu'un jour de la fin août, Ato me téléphone.

— Salut, Chiara, c'est Ato, de la Cité des Enfants. Comment vas-tu ?

— Salut ! Moi, ben…

— C'est-à-dire ?

— J'ai eu une série de merdes, appelons ça comme ça. Toi, comment ça va ?

— Bien. Je voulais te dire que, cet été, j'ai lu un de tes livres.

— Merci.

— … C'est le premier écrit en italien, à part les traductions de *Harry Potter*, que je n'ai pas laissé tomber à la moitié. Je l'ai fini.

— Super.

— Oui.

— …

— …

— Écoute, pourquoi ne viens-tu pas chez moi vendredi ? Tu peux passer le week-end à la maison : il y a une chambre à ta disposition. Comme ça, on bavardera un peu et on pourrait aller au cinéma. Ou manger une pizza.

Une femme de trente-six ans à qui il a suffi de déménager de Vicarello à Rome pour péter les plombs et qui n'a actuellement qu'une grande confusion en guise de boussole a-t-elle quelque chose à apporter à un garçon arraché à sa terre et à sa famille ?

Je me le demande chaque vendredi, tandis que j'attends l'arrivée d'Ato.

Chaque lundi, quand il rentre à la Cité des Enfants, je ne trouve pas la réponse : mais la question s'est entre-temps dissoute dans nos discussions, nos promenades, nos devoirs, les DVD de séries télé auxquelles nous nous sommes drogués.

Je ne sais pas bien si j'ai quelque chose à apporter, mais ce qui est sûr, c'est que je prends : rien que la motivation pour me laver, manger (même si c'est toujours et exclusivement au McDo à cause de mon incompétence aux fourneaux) et me donner de l'énergie parce qu'il se lave, mange et se donne de l'énergie, lui. Et, surtout, par éclairs, quand il s'endort sur le fauteuil la bouche ouverte devant un épisode des *Simpson*, quand il se met à rêvasser sur son exercice de droit et que Dieu sait à quoi il pense et quels fantômes le hantent, jusqu'à ce qu'il se rende compte que je le regarde, il ouvre ses yeux de perle noire, me regarde à son tour et sourit, voilà : surtout, par éclairs, d'Ato je prends l'espoir.

L'espoir de la possibilité d'un nous. En général, dans le monde. En particulier, pour moi.

— Ciao, Ato.
— Ciao, Chiara.
— Tu as beaucoup de devoirs ?
— Oui. Italien, droit et histoire.
— D'accord, mais avant, il y a un truc qu'on doit faire.

— Quoi ?

— On va y réfléchir. L'important, c'est que ça dure dix minutes.

J'explique le jeu à Ato.

Dehors, il pleut, il pleut et il pleut. Sortir, on n'y pense même pas.

— On pourrait chercher sur Internet un truc pour quoi faire, propose-t-il, lui qui a pris confiance avec le dialecte romain, mais qui a encore un italien un peu bancal.

— C'est vrai, dis-je en réfléchissant.

— C'est vrai, dit-il en réfléchissant.

— Tu vois qui c'est, Rodrigo, mon ami violoniste ?

— Bien sûr.

Petit à petit, Ato commence à tous les connaître, les animaux perdus de mon arche de Noé.

— Il est parti ce matin.

— Comment il va ?

— Bien… C'est un fou de hip-hop.

— Ah ouais ? À la Cité des Enfants, je passe des heures à regarder les vidéos de hip et de hop.

— D'après toi, c'est difficile à apprendre ?

— Très.

— Et pour quelqu'un comme moi, qui n'a même jamais dansé un slow ?

— Trop.

Nous installons mon ordinateur dans le salon, afin qu'il y ait suffisamment d'espace pour une piste de danse, ou pour ce qui en tiendra lieu.

Je tape sur Google « COURS DE HIP-HOP POUR

DÉBUTANTS ». Et elle apparaît. Elle doit avoir dans les dix-huit ans, un museau de chaton, un tee-shirt recouvert d'étoiles, pantalon de survêt et bas colorés. Flacavi : c'est son nom de bataille.

— Salut à tous, c'est moi, Flacavi ! hurle-t-elle à la caméra, dans une des nombreuses vidéos qui portent son nom.

Elle est dans sa chambre, mais c'est comme si elle était dans une galaxie lointaine, inatteignable, mue par une unique et précise volonté : enseigner le hip-hop au reste de l'univers.

— Aujourd'hui, je vais vous montrer les bases. On commence par l'échauffement, qui est une étape fondamentale, qu'il faut prendre au sérieux parce que, si vous n'êtes pas bien échauffés, vous pourriez, en faisant le freeze ou d'autres figures, vous faire très mal.

Ato et moi obéissons : nous prenons l'échauffement au sérieux.

Nous tournons la tête à droite, à gauche. « Plusieurs fois », comme elle l'a dit. Puis nous étirons nos épaules, nos bras. Plusieurs fois aussi.

Flacavi frétille : elle veut passer aux choses sérieuses.

— Maintenant, je vais vous montrer les waves, c'est-à-dire les vagues. On commence en tendant une épaule, ensuite le coude, puis…

Au début, nous trouvons ça facile de la suivre. Mais à peine Flacavi commence-t-elle, hyper rapide, à bouger, qu'on dirait qu'une décharge électrique, évidemment sinueuse, lui parcourt les bras, nous la contemplons fascinés. Pétrifiés.

Quand elle ajoute les épaules et le buste, ensuite, et qu'elle nous incite à avoir « du mordant et du style », alors Ato, avec son mètre quatre-vingt-six, s'entortille sur lui-même et perd pied immédiatement. Quant à moi avec mon mètre soixante-quatre, je parviens au mieux à sauter sur une jambe et écarter l'autre en grand.

— Vous voulez apprendre d'autres mouvements ? Eh bien, retrouvez-moi dans la prochaine vidéo. Salut, c'était Flacavi !

— On peut regarder encore depuis le début ? demande Ato, plutôt démoralisé.

— Bien sûr qu'on peut. La règle du jeu est d'arriver à dix minutes. Rien n'empêche de les dépasser.

Nous passons tout l'après-midi avec Flacavi.

Elle est vraiment prodigieuse.

Nous sommes vraiment désastreux.

Finalement, après avoir regardé six fois toutes ses vidéos, nous nous écroulons sur le canapé.

— J'ai faim, dit Ato. On va au McDo ?

— Zéro Mac, aujourd'hui. Je te fais des pancakes.

— Toi ?

— Oui, moi.

– 6 –

Samedi 8 décembre
Immaculée Conception
Lever du soleil 7 h 25
Coucher du soleil 16 h 39

En marchant en arrière

Et aujourd'hui, comment je leur règle leur sort, à mes dix minutes ?

C'est avec cette pensée que je me réveille ce matin. Avant même de regarder si, dans la nuit, Mon Mari m'a envoyé un SMS, avant même de m'angoisser pour mon nouveau roman qui peut-être avance mais peut-être pas, avant même d'appeler mes parents et de leur demander ce qui se passe à Vicarello, ce que dit la dame du kiosque à journaux, où on en est entre le barman et sa fiancée hystérique, la question se pose : qu'est-ce que je vais faire pour mes dix minutes ?

Je réfléchis.

Et je souris, un peu.

Encore un peu plus. Je me fais peur.

Vicarello, Ma Chronique, Mon Mari sont les peluches contre lesquelles, depuis plus d'un an, je m'endors bien serrée, et contre lesquelles bien serrée je me réveille.

Elles puent et elles n'ont plus le poil doux ; mais quand on s'habitue à une peluche, c'est dur de s'en passer.

Je mets en route le café, j'inspecte mes ongles, le vernis fuchsia commence à s'écailler : c'est le moment de l'enlever.

Je pourrais peut-être en essayer un vert.

Et je souris, un peu.

Et encore un peu plus. Je prends peur.

Ato me rejoint dans la cuisine, nous prenons le petit déjeuner.

C'est le jour de l'Immaculée Conception[1], hier j'ai promis à Ato que nous irions voir le marché de Noël de la place Navone : à partir d'aujourd'hui et jusqu'à l'Épiphanie, il sera là pour assurer les barbes à papa, les santons pour la crèche, les boules de verre colorées, les anges en pain de sucre.

Pour assurer Noël, quoi.

Noël qui, même si moi je n'ai plus Mon Mari, Ma Chronique ni Ma Maison de Vicarello, s'en fout, et qui encore cette année joue des coudes, et est sur le point d'arriver. Une injustice dans les règles de l'art, de sa part.

Mais :

— En Érythrée, à la maison, nous faisions toujours un sapin magnifique, m'a lancé Ato, hier soir, en dévorant ses pancakes. (Cette fois légèrement brûlés, mais sans grumeaux dans la pâte.)

1. En Italie, le 8 décembre est un jour férié.

— Mon Mari et moi, au contraire, à Noël, nous fuyions tout et tous. Au Cambodge, en Inde, au Chili. Pendant presque vingt ans, nous avons fait le tour du monde, échappant aux dîners de Noël, et aux divers déjeuners de famille. Aux crèches et aux sapins, lui ai-je confié.

— Pourquoi ? dit Ato en ouvrant des yeux ronds. C'est génial, Noël !

C'est génial de l'éviter avec la personne qu'on aime : et cette fugue, alors oui, devient véritablement Noël, me suis-je dit.

Et nous voilà tous les deux partis dans nos pensées, passant par le cœur, au loin.

Ensuite :

— Chiara ?

— Quoi ?

— Mais, même si tu ne l'aimes pas trop, Noël, demain on le fait le sapin, non ?

La pluie d'hier a chassé tous les nuages.

C'est une journée froide et brillante, parfaite.

Nous nous mettons en route pour le marché, de la maison il faut environ vingt minutes.

L'idée arrive soudain : sans demander la permission, comme toutes les idées.

— Ato ?

— Oui.

— Je voudrais marcher à reculons.

— Quoi ?

— Pendant dix minutes.

— Mais c'est dangereux !

— Toi tu me tiens par le bras et tu me guides, comme ça, je ne tombe pas.

Il rit, et quand ça arrive, c'est toujours comme si une caresse m'arrivait jusque-là, à l'intérieur et encore plus loin, là où ça fait mal. Je me tourne et je l'attrape par le bras. Nous faisons un pas. Il rit encore. Un autre pas. Nous rions.

— Attention, une marche. Droite. Gauche, m'indique Ato.

Pendant que, de dos, je vois les visages des gens dont je n'aurais vu que la nuque, je vois la rue que j'ai parcourue au lieu de celle que je vais parcourir, et les magasins glisser vers le lointain, au lieu de venir à moi. Cela ne provoque aucune sensation particulière, mais c'est peut-être pour ça que c'est agréable.

Ça me procure une drôle de joie idiote.

— Je pensais aux autres qui te regardaient et se disaient que tu étais folle ! dit Ato, surpris que personne ne le soit, parmi tous ceux qui marchent normalement, de voir quelqu'un marcher en sens contraire.

Je lui parle de Flaiano et d'un certain Martien qui, à Rome, après deux jours de grand bruit, pouvait se promener sereinement en ville, dans l'indifférence générale, extraterrestre, passant comme inaperçu.

— C'est bien que Rome se comporte comme ça avec les Martiens et avec ceux qui marchent bizarrement ? demande-t-il.

— C'est surtout que ça les fait se sentir seuls. À Vicarello, là où j'habitais avant, quand tu es un Martien, tout le monde te chouchoute.

— Mais moi, sincèrement, je préfère ceux qui s'en fichent que je sois noir plutôt que ceux qui me chouchoutent parce que je suis noir.

— Ça, c'est une autre affaire.

— Peut-être.

— C'est sûr.

Nous poursuivons notre promenade martienne.

Pendant quatre.

Sept.

Dix minutes.

Jusqu'à ce que le chronomètre qu'Ato a réglé sur son téléphone sonne et nous annonce que notre entreprise est un succès. Je me retourne, nous nous tapons dans la main.

Nous arrivons à la place Navone d'un pas souple, encore complices du pas martien.

— Chiara ?

J'entends qu'on m'appelle tandis qu'à un stand nous hésitons entre des petites, des moyennes et des grandes boules.

C'est une femme minuscule, drapée d'orange, blond platine à la coiffure en forme de gâteau, et les yeux pétillants.

Je ne la reconnais pas immédiatement, mais elle a un air qui m'est vaguement familier.

— Je suis Morena ! Morena Torpedoni !

Évidemment. Les Torpedoni.

J'ai dû déjeuner avec plus de mille familles, pendant les années qu'a duré Ma Chronique.

Au début, c'était moi qui les cherchais : il suffisait qu'on m'ait parlé d'un couple particulièrement excentrique ou que j'aie relevé dans le journal une information étonnante.

Par la suite, les familles qui souhaitaient raconter, à travers la chronique, leur extraordinaire normalité ont commencé à se signaler d'elles-mêmes, sur le site de l'hebdomadaire.

Des familles élargies, homosexuelles, séparées, amoureuses, ou encore qui, pour préserver leur lien, préféraient vivre dans des maisons différentes. Il m'est même arrivé d'aller dans une communauté de hippies !

J'ai rencontré énormément, énormément de gens.

Et chaque fois que la semaine finissait, j'avais l'étrange impression que les gens avec lesquels j'avais déjeuné connaissaient ce secret qui pour moi et Mon Mari se faisait de plus en plus impénétrable : comment fait-on pour s'aimer sans se faire trop de mal ?

Kevyn et Morena Torpedoni avaient été parmi les premiers personnages des « déjeuners du dimanche ».

Ils vivaient dans un mini-van jaune et tenaient un stand de tir au Luna Park. Ils s'étaient rencontrés au cirque, où elle était trapéziste. Lui nettoyait les pistes entre deux numéros, dans un silence de pierre, mais passait ensuite la nuit à écrire des poèmes. Pour elle. Qu'elle trouvait sur le miroir de sa loge tous les matins. La famille de Morena, quand l'affaire a éclaté au grand jour, s'est tout de suite opposée : elle voulait que Morena épouse l'un des leurs, quelqu'un du cirque. Mais Morena était amoureuse. Et une nuit, tandis que le cirque était démonté pour aller de Paris à Lyon, elle s'est enfuie avec Kevyn Torpedoni, un sous-fifre d'après ses parents, un poète d'après elle, et qui dans les faits était l'homme qui le lendemain allait devenir son mari.

Maintenant, je me souviens de tout, décidément.

— Comment vas-tu ? me demande Morena.

— Comme ci comme ça.

— Tu ne peux pas savoir combien nous étions

tristes, Kevyn et moi, de ne plus retrouver ta chronique dans le journal.

— Ouais.

— Du jour au lendemain en plus.

— Ouais.

— Et pour la remplacer par quoi ? Par le courrier du cœur ! En plus confié à une imbécile… Comment elle s'appelle déjà ?

— Tania Melodia.

« Le directeur en a décidé ainsi. Je suis désolée, m'avait informée la rédac' chef.

— Comment ça ? avais-je réagi. Sans même en parler avec moi ? Pourquoi ?

— Parce que pour aller de l'avant, une revue doit savoir changer, m'avait-elle rétorqué.

— Et qui prendra ma place ? avais-je demandé.

— Tania Melodia.

— Qui ? !

— Ne fais pas ta snob, Chiara, allez, c'était aussi un des problèmes de ta chronique. Tania Melodia a remporté la dernière édition de "Loft Story". Tout le monde la connaît. Une nana pop, c'est sûr. Mais aussi rock, à sa manière. Une fille qui est restée quatre-vingt-douze jours dans le loft et a eu trois histoires, dont deux en même temps, en revendiquant, pour nous les femmes, la possibilité de nous comporter exactement comme les hommes. »

— Elle fait de la télé, non ? insiste Torpedoni.

— Oui, c'est elle qui a gagné « Loft Story ».

— C’est cette émission où des baby-sitters enseignent aux parents à s’occuper de leurs enfants ?

Dans leur mini-van jaune, les Torpedoni n’ont pas la télé, mais n’en font ni un problème ni une fierté.

— Non, ça, c’est « Super Nanny ».

— Ah… En tout cas, tu nous manques, Chiara…

— À moi aussi, Ma Chronique me manque, Morena.

— Quand sortira ton nouveau roman ?

— J’y travaille.

— Bien. Je t’ai vue tout à l’heure, tu sais. Quand tu marchais à reculons. Je t’ai tout de suite montrée à Kevyn, regarde, c’est Chiara ! Et il a inventé une de ces poésies dont il a le secret, comme ça, sur-le-champ.

— C’est-à-dire ?

— *« Tant que des gens marcheront à reculons, les hamsters tomberont amoureux et nous nous raconterons moins de salades »*, récite-t-elle, inspirée.

Ato a assisté à toute la conversation, songeur et silencieux, comme à son habitude.

Le soir, tandis que nous accrochons les boules sur le sapin, grandes à la base et de plus en plus petites à mesure que nous approchons de la cime, il rumine.

— Si ça se trouve, Rome fait seulement semblant de s’en fiche, s’il y a un Martien. Elle ne veut pas le déranger, mais en fait, après, elle lui écrit un poème.

Non, non : Rome s’en fout, un point c’est tout, Rome n’est pas Vicarello, lui aurais-je répondu il y a une semaine.

Mais aujourd’hui, j’accroche une boule. Je le regarde. Il me sourit. Je lui souris.

— Peut-être, oui. Qui sait…

– 7 –

Dimanche 9 décembre
2ᵉ dimanche de l'Avent
Lever du soleil 7 h 26
Coucher du soleil 16 h 39

La Ruelle de Vermeer

— Bonjour, Ato.

— Bonjour, Chiara.

— Déjà debout ?

— Demain la prof d'italien fait un contrôle. J'ai plein de boulot.

— Sur quoi ?

— Le dix-septième.

— Tout entier ?

— Oui. Les événements importants, les contradictions et les œuvres d'art (il récite mot pour mot le titre du chapitre de son anthologie).

— Du monde entier ?

— En Italie, Angleterre et Allemagne.

— Et en Hollande ?

L'exposition de Vermeer a ouvert environ un mois plus tôt, aux Écuries du Quirinale.

C'est à deux pas de chez nous. De chez moi, en fait.

Mais si je pense à une expo, voilà : ça me paraît vraiment invraisemblable de parler au singulier.

Parce que la peinture, c'est la passion de Mon Mari.

En plus de fuir Noël, nos voyages à travers le monde s'efforçaient toujours de combler mon amour pour la nature et le sien pour l'art.

Je cherchais des animaux bizarres, des marais salants, des forêts humides, des déserts, et je le prenais par la main.

Il cherchait des musées, des cathédrales, des chefs-d'œuvre, et me prenait par la main. Si ce qui est en train de nous arriver – comme chaque jour qui passe semble le confirmer – se révèle être une fin et non plus seulement une crise, qui l'emmènera dans les bois ? Qui m'emmènera dans les musées ? Qui s'occupera de toutes les parties de nous que l'autre, il y a dix-huit ans, a inventées, et qu'il a maintenues vivantes pendant ces dix-huit années ?

Je me le demande tous les jours.

Je me le demande à l'instant même où j'entre dans le musée des Écuries du Quirinale avec Ato, prends deux audioguides et étudie le catalogue. Choses que faisaient toutes les personnes qui n'étaient pas moi quand jusqu'à aujourd'hui je visitais une expo : parce que toutes les personnes qui n'étaient pas moi n'avaient pas la chance d'être avec Mon Mari. Plus précis que n'importe quel audioguide, plus passionné que n'importe quel catalogue.

Je respire. J'inspire. *La Hollande du* XVII*e siècle est un pays où la richesse est répandue. Le nivellement calviniste empêche que naissent des castes nobiliaires sur le modèle de l'Italie et de l'Angleterre*, commence l'audioguide. Je le déteste. Je me déteste, moi, qui ai besoin de cette voix métallique pour m'orienter dans ce lieu. Mais Ato l'écoute avec attention : l'idée de rapporter à sa prof d'italien une mini-dissert sur le plus grand peintre du XVIIe l'excite.

— Cette fois-ci, on va choper un seize ! m'a-t-il dit en quittant la maison.

Nous allons chacun son chemin à travers l'exposition, notre bidule en main.

Mon Mari me manque à chaque tournant, devant chaque tableau.

Tous nos voyages, toutes les aventures, les idéogrammes chinois qu'il m'a aidée à déchiffrer, les lémuriens que je l'ai aidé à caresser, se donnent tous rendez-vous, à l'improviste, en moi. *Nous voici arrivés face à* La Ruelle, *le grand chef-d'œuvre de l'artiste hollandais*, récite la voix métallique.

La nostalgie devant ce tableau devient intolérable.

— Jusque-là, j'y arrive toute seule, merci, ne puis-je m'empêcher de marmonner.

Nous voici arrivés, en tout cas. Me voici arrivée. *Dans cet admirable tableau, Vermeer nous restitue la beauté poétique de Delft, ses rues paisibles, les maisons pittores...*

Je n'en peux plus, j'arrache l'écouteur. Je fais un signe à Ato.

— Tu peux venir me chercher dans dix minutes exactement ?

Et je me plante là. Immobile.

Devant le « grand chef-d'œuvre de l'artiste hollandais ».

Sans l'audioguide, sans consulter le catalogue. Sans Mon Mari.

Que vois-je ?

Les rues tranquilles de Delft, ses maisons pittoresques : bien sûr.

Les façades de brique rouge, les portails de bois, les volets. Une femme coud sur le seuil de la maison, une autre, dans une allée, est affairée à la lessive, deux enfants jouent agenouillés à terre.

Passe une minute.

Puis deux.

Trois.

Je ne sais plus combien se sont écoulées quand *elle* arrive.

Mais oui, oui. *La* voilà.

Elle m'apparaît : la vie. Qui s'écoule, simplement. Le long de cette ruelle de Delft. Elle s'écoule. Pour ces deux femmes, pour ces enfants.

Pour tout le monde.

Implacable.

Toujours égale.

Implacable parce que toujours égale.

Et parce que toujours égale, par instants magnifique.

Et soudain, je comprends, je sais.

Que ce ne sont pas les voyages à travers le monde, ni les déserts immenses, les cathédrales, les armées en terre cuite, les pandas, les canyons avec Mon Mari qui me manquent : non. Ce ne sont pas « les événements marquants, les contradictions et les œuvres d'art ». Mais c'est cette chose-là qui me manque.

Notre vie toujours égale.
Magnifique.
Implacable.
Ato me touche légèrement l'épaule : les dix minutes sont écoulées.

– 8 –

Lundi 10 décembre
Lever du soleil 7 h 27
Coucher du soleil 16 h 39

À la soutenance d'une inconnue

C'est de nouveau lundi.

Au petit déjeuner, Ato fait *cette* tête. Sa tête du lundi matin justement. Et je la fais aussi.

— À vendredi, Chiara, me salue-t-il avant de partir pour ses cours.

— À vendredi, Ato.

— À vendredi, répète-t-il en se balançant d'un pied sur l'autre, son sac sur le dos.

— Écoute, Ato.

— J'écoute, Chiara.

— Pourquoi n'appelles-tu pas ton responsable pour lui demander si tu peux dormir ici ce soir encore ? Aujourd'hui, je dois absolument aller acheter les lumières pour le sapin, mais je dois aussi absolument assister à la soutenance de thèse d'Elisa. Ça m'aiderait vraiment si tu pouvais t'occuper du sapin en rentrant des cours.

— C’est vrai ?

— C’est vrai.

Et même si ce n’est pas vrai (parce que depuis que nous l’avons installé, chaque fois que je passe devant ce fichu sapin, j’ai envie de lui envoyer des coups de pied, et à Noël aussi, qui chaque jour me nargue un peu plus en se rapprochant un peu plus, et on peut imaginer à quel point je me fous de lui ajouter des lumières), c’est vrai. Parce que ça m’aide vraiment de donner à nos gueules du lundi le petit réconfort d’une autre soirée ensemble.

Et ainsi, il va à l’école, moi je travaille au roman, je vais à la gym.

À quatorze heures, j’ai rendez-vous avec la psy.

— Comment allez-vous, Chiara ?

— Bof, docteur.

— Bof ?

— Je suis en train d’essayer, vous savez, le jeu des dix minutes.

— Et ?

Le docteur T. ne semble pas troublée que j’aie pris au sérieux ce qui peut-être ne se voulait qu’une provocation.

— Et bof, justement. Fondamentalement, par rapport aux mois derniers, j’ai du coup beaucoup moins de temps pour moi-même.

— Dans quel sens ?

— Dans le sens où trouver quelque chose de nouveau à faire chaque jour n’est pas si facile. Pendant que je m’y efforce, vous conviendrez que j’ai moins de temps pour réfléchir vraiment à comment je vais, si bien que, par moments, je ressens comme un léger vertige.

— Et c'est positif ?

— Je ne saurais dire. Parfois, mon impuissance par rapport à tout ce qui m'est arrivé me manque. Ça me manque de ne plus pouvoir m'y abandonner. Le contact avec la partie de moi la plus sincère à laquelle me conduit cet abandon.

— Rien ne dit qu'il faille s'abandonner à la douleur pour entrer en contact avec soi-même. Ou en tout cas, rien ne dit qu'une fois qu'on s'est abandonné, on ne puisse pas se réveiller.

— Mmm.

— Pensez-y.

— …

— …

— Quand même, il y a du nouveau.

— Quoi donc ?

— Le roman est en train de prendre forme. Je commence vraiment à le sentir… résonner, voilà. Et j'écris, j'écris. J'écris.

— Curieux, non ? D'abord, vous me dites qu'à cause du jeu des dix minutes, vous avez moins de temps pour vous-même, et maintenant vous me dites que vous avez finalement trouvé le temps pour écrire.

— C'est curieux, c'est vrai.

— …

— …

— Et ?

— Et quoi ?

— D'autres nouveautés sont arrivées cette semaine ?

— À part essayer le vernis fuchsia, m'inscrire à la gym, jouer du violon, cuisiner des pancakes, faire du hip-hop, marcher à l'envers et rester plantée devant un tableau de Vermeer ?

— Et ?

— Oui. Effectivement, oui. Il est arrivé que je me mette à rire. Vous voyez ce que c'est, quand ça arrive et que vous ne savez même pas pourquoi, mais justement pour cette raison, ça continue ? Voilà. Ça m'est arrivé au moins deux fois et demie, cette semaine. Pendant que je marchais à reculons en tenant le bras d'Ato et pendant que j'essayais de suivre ma prof de hip-hop. Et aussi un peu quand le premier pancake que j'ai essayé de faire sauter a atterri par terre. Ou plutôt, pour être honnête jusqu'au bout, sur mon pied.

— Depuis combien de temps cela ne vous était-il pas arrivé ?

— De rire comme ça, juste parce que ça me prenait ?

— Hmm.

— Depuis onze mois.

— Surtout continuez comme ça, Chiara.

— Je vais essayer. Mais je n'ai pas encore franchement compris le sens profond de ce jeu. C'est une invitation à changer nos schémas mentaux, c'est ça ?

— Plus ou moins.

— Voilà, c'est exactement ce plus ou moins qui m'échappe.

— … Votre mari, qu'en dit-il de notre jeu ?

— Sincèrement ? Je ne lui en ai pas parlé dans le détail. Je ne sais pas pourquoi.

— …

— Peut-être parce que c'est la première chose que je fais toute seule, sans lui. Enfin, il y a aussi eu l'été à Formentera avec Gianpietro, il y a Ato, il y a les factures… Désormais, je fais presque tout toute seule, bien sûr. Mais Mon Mari connaît Gianpietro, Ato, et nous avons toujours partagé les factures, si bien que je sens encore sa présence dans ces cas-là. En somme, il connaît cette Chiara. Il la connaît même comme personne.

— Mais la Chiara qui met du vernis fuchsia et qui fait des pancakes, il ne la connaît pas, en revanche.

— Non. Et je n'arrête pas de me demander si elle lui plairait.

— Et que vous répondez-vous ?

— Que pour le savoir, il faudrait déjà que je fasse connaissance avec cette Chiara. Moi non plus, je ne me sens pas très intime avec elle.

— C'est vrai.

— Mais…

— Oui ?

— Docteur.

— Chiara.

— Connaître vraiment quelqu'un est quelque chose de tellement fatal que…

— Que ?

— Que quand ça arrive, c'est pour toujours. Non ? Bon, on peut aussi changer, évoluer. Mais notre âme reste la même.

— Je crois que oui.

— Donc Mon Mari et moi ne pourrons jamais être deux étrangers.

— Si ce que vous nommez vos âmes se sont vraiment entendues, non.

— Vous, comment vous appelez ça ?

— Quoi donc ?

— L'âme ?

— Parfois, je l'appelle comme ça. Âme. Parfois, le Moi profond. Parfois Primaire.

— Primaire, ça me plaît… Voilà, oui. De ça, je suis certaine.

— De quoi, Chiara ?

— Mon Primaire et celui de Mon Mari sont liés de façon indissociable. Peut-être même qu'ensemble ils forment un seul Primaire.

— Ça, c'est vrai. C'est vrai sans aucun doute.

— Ouais.

— Continuez avec les dix minutes, vraiment.

Depuis le cabinet de la psy, je fonce vers l'université la Sapienza.

« Elisa18 » : c'est ainsi que j'ai mémorisé sur mon téléphone, il y a sept ans, le numéro de cette jeune fille aux boucles blondes, pleine de vie et aux grands yeux qui s'était approchée de moi à la fin d'un cours d'orientation pré-universitaire organisé par son lycée, où des professionnels en tout genre racontaient les croix et les délices de leur métier.

J'avais été appelée pour témoigner des avantages et des inconvénients des passions qui se transforment en profession.

À la fin, elle était venue me voir.

Elle parlait très vite, sans respirer, moulinait avec ses bras et me remerciait, parce qu'elle pensait ne pas avoir le courage de choisir lettres à la fac, mais peut-être que si, elle venait de le trouver :

« Excuse-moi, mais d'après toi, ça suffit pour m'inscrire en fac de lettres d'aimer la littérature, ou faut-il que j'aie moi aussi du talent ? Parce que moi, je ne sais pas si j'en ai, toi avant de t'inscrire, tu le savais déjà ? Et comment as-tu fait pour comprendre que ce n'était pas un mensonge, mais précisément ce qui allait te satisfaire le plus ? Mais ? Quand ? Comment ? Pourquoi ? Pourquoi ? »

Elle s'était agrippée à mon bras et continuait à me mitrailler de questions. Je l'ai tout de suite aimée. Ce n'est pas simplement qu'elle m'a été sympathique, non. Je l'ai vraiment aimée. Comme on aime un chiot dont on sait immédiatement en croisant son regard qu'il sera sien pour toujours, comme on aime un panorama qui rappelle un été inoubliable, comme on aime une petite sœur quand on la voit pour la première fois à la maternité. J'ai reconnu dans la fougue de cette jeune fille de dix-huit ans ma fougue, à son âge, dans ses peurs les miennes, l'effronterie de son sourire lumineux m'a étourdie, et cette certitude que j'ai éprouvée peu de fois dans ma vie m'est arrivée droit au cœur, exactement.

Cette personne ne faisait pas semblant : elle ressentait *vraiment* et exclusivement avec son cœur, elle pensait *vraiment* avec sa tête.

J'ai eu envie de l'embrasser et de l'inciter à continuer à être comme elle était, mais j'ai eu aussi envie de la protéger, parce que le monde sait être féroce avec qui lui oppose *vraiment* une pensée, *vraiment* un ressenti.

Je lui ai donné mon numéro de téléphone, j'ai enregistré le sien, sous le nom Elisa18, justement.

Et aujourd'hui ? Aujourd'hui, Elisa a vingt-cinq ans. Depuis notre première rencontre, je n'ai jamais cessé d'encourager son énergie hors norme, sa furie bleue, ses pourquoi.

C'est la première à qui je fais lire mes romans, encore à l'état de brouillon, c'était la première qui lisait les articles de Ma Chronique.

Et aujourd'hui ? Aujourd'hui, elle soutient sa thèse.

Je suis émue au souvenir de ses dix-huit ans, dans sa dernière année de lycée, inquiète par l'infinité de possibles qui la traversaient, jusqu'à ce que ceux-ci se dissolvent et se résolvent en un seul : son propre choix.

J'entre dans la faculté de lettres, sciences humaines et études orientales juste à temps pour son passage.

Je ne suis pas la seule venue pour l'encourager, nous sommes très nombreux, agglutinés dans la salle.

Même sa directrice d'études, sévère et retenue, me semble dissimuler un faible pour ce petit être blond toujours en recherche.

« La représentation des femmes dans *La Joie de vivre* d'Émile Zola » est le titre de la thèse d'Elisa. Qui commence sa présentation, très rapide, en moulinant des bras, en allumant à l'intensité maximale les ampoules qu'elle a en guise d'yeux.

La professeur lui pose une question, elle y répond. C'est mieux que du Zola, on dirait que c'est elle, Elisa, qui l'a inventée, la joie de vivre, elle qui semble la transmettre avec la conviction résolue de tout son être.

Et quand les félicitations du jury sont proclamées, c'est la fête.

Elle s'agrippe à mon bras, exactement comme il y a sept ans.

— Dis-moi que tu ne t'en vas pas tout de suite. Tu viens au pot ? Dis-moi que même si tu détestes les bars à la mode, celui que j'ai choisi te plaira.

Comment lui dire non ?

— Donne-moi dix minutes, et je vous rejoins.

C'est que la journée avance. Et moi, j'ai ma petite mission quotidienne à mener à bien.

Je regarde autour de moi, en quête d'idées.

Une fille serrée dans un fourreau rouge, juchée sur une paire de talons aiguilles, son mémoire sous le bras, entre dans la salle dont Elisa vient de sortir. Derrière elle, quelques amis, ses parents. Et moi.

La mère de la future diplômée me sourit, qui sait pour qui elle me prend. Quant à moi, je me terre, silencieuse, à côté de la porte : puisque je sortirai dans dix minutes, au moins je ne voudrais pas déranger.

La fille au fourreau frémit. Autant, jusqu'il y a quelques minutes, la tension et l'émotion d'Elisa étaient miennes, autant j'assiste à celles de cette jeune femme en fourreau avec détachement, et elles me paraissent presque ridicules. Ce n'est qu'une soutenance, rien de plus, me dis-je – alors que pendant qu'Elisa parlait de Zola, j'ai versé ma petite larme au moins trois fois.

Comme la vie paraît absurde, quand elle ne nous touche pas directement.

Enfin.

La nana en fourreau commence à défendre son mémoire : c'est une analyse des romans contemporains qui d'une façon ou d'une autre se réfèrent à *Madame Bovary* de Flaubert. Elle la présente en français et je ne comprends rien, je saisis çà et là un concept, elle a un timbre de voix détestablement monocorde, je me force pour garder les yeux ouverts, je continue à regarder ma montre pour que les dix minutes passent au plus vite, mais rien : seulement quatre pour l'instant.

Absurde et ennuyeuse, la vie qui ne nous concerne pas.

J'ai à peine le temps d'y penser qu'un membre du jury intervient.

— Et que pouvons-nous dire de Berthe Bovary, la fille d'Emma ?

L'étudiante passe à l'italien.

— C'est un personnage diamétralement opposé à sa mère.

— C'est-à-dire ?

— Madame Bovary n'est jamais satisfaite de ce qu'elle a et n'en reconnaît pas la valeur, alors que Berthe se contente de peu.

— En effet, répond le professeur. Et les aspirations moins ambitieuses de Berthe lui permettent aussi d'être plus en adéquation avec sa vie.

C'est comme si quelque chose de froid venait de me toucher.

J'oublie ma montre, et j'assiste à toute la soutenance de l'inconnue au fourreau.

Je suis même désolée pour elle quand lui est attribuée une note correcte, mais pas excellente.

Je rejoins ensuite Elisa et ses amis pour le pot.

Des aspirations moins ambitieuses permettent sans aucun doute d'être plus en adéquation avec sa propre vie.

Bien sûr, c'est évident.

Mais la question est : comment ?

Comment fait-on ?

Devais-je accepter que dans les derniers temps Mon Mari ait été toujours fatigué, toujours distrait ? Si j'avais aspiré à une moindre complicité, je ne l'aurais pas poussé à s'enfuir à Dublin ? Si je ne me morfondais pas dans ma nostalgie pour Vicarello et pour Ma Chronique, serais-je plus en adéquation avec ma vie ? Et est-ce cela qu'on appelle le bonheur ? Ou est-ce la manière d'y renoncer au contraire, au bonheur ? Donc il faut choisir ? Tous, nous devons choisir ? Heureux comme Emma ou heureux comme Berthe ? Malheureux comme Emma ? Comme Berthe ?

– 9 –

Mardi 11 décembre
Lever du soleil 7 h 28
Coucher du soleil 16 h 39

www.youporn.com

Ce matin, Ato est allé en cours, puis il rentrera directement à la Cité des Enfants, et moi je travaille à mon roman. Je travaille et travaille.

Je n'osais l'espérer, je n'y croyais pas : mais je suis vraiment dedans.

L'écriture pour moi c'est un peu comme faire l'amour avec quelqu'un qu'on aime et qu'on connaît à fond.

On ne sait pas si on en a encore vraiment envie, on craint de n'avoir plus rien de vraiment intéressant à donner, on craint qu'il n'y ait rien de neuf à découvrir. Mais ensuite, on commence à le faire, on cesse de craindre et spontanément, allez, spontanément on découvre. On jouit.

Mon premier baiser, je l'ai donné à Mon Mari. Tout comme ma première fois.

En dix-huit ans, nous nous sommes pris, éloignés, cachés, poursuivis et enfin mariés.

J'ai eu quelques autres histoires, dans les périodes d'éloignement d'avec lui, mais jamais rien qui me fasse cesser de le regretter.

Chaque fois que nous nous retrouvions, nous étions prêts à être plus intimes, plus à découvert, plus amoureux.

Et l'amour entre nous avait toujours été quelque chose de naturel et d'intense. Puis un jour, je ne sais comment, c'est arrivé.

Je ne sais pas comment ça arrive.

Mais les corps se sont mis à se désaimanter.

Si nous partions, même juste pour un week-end, si nous nous évadions de la réalité telle qu'elle était devenue, nous étions à nouveau curieux, excités, amusés, amusants, mélancoliques : nous.

Mais dès que nous rentrions à Rome, dans notre nouvelle maison, la Maison des Grands, c'était comme si les mains, les jambes, les langues étaient la proie d'une espèce de malédiction.

Quelque chose qui a à voir avec Emma et Berthe Bovary, je crois.

Quelque chose du genre : « Si tu touches cette personne, tu seras vraiment satisfait et heureux une fois pour toutes, et quelque chose de toi mourra pour toujours. »

À Vicarello, nous vivions comme deux éternels étudiants partis de chez eux mais, à quelques mètres de distance, mes parents veillaient sur nous, ou nous menaçaient, selon les jours. Ce qui n'allait pas entre nous pouvait s'expliquer par leur faute, tandis que le mérite ne revenait qu'à nous.

À Rome, en revanche, tout a changé immédiatement.

Je rentrais après avoir traversé à pied cette ville délirante pour Ma Chronique, je m'effondrais sur le canapé et commençais à me plaindre de combien j'étais fatiguée et combien Ma Maison de Vicarello me manquait.

Lui, il rentrait après une journée passée au tribunal, se jetait dans un fauteuil et allumait la télé.

Si ça allait bien, il me massait les pieds.

Si ça allait mal, nous nous disputions : pourquoi je n'avais pas descendu les poubelles, pourquoi lui, ne l'avait-il pas fait, pourquoi ne s'était-il pas souvenu de renouveler l'abonnement au câble, pourquoi avais-je oublié l'anniversaire de son père, pourquoi n'étais-je plus la jeune fille timide de dix-huit ans avec les tresses, lui, le jeune garçon de dix-huit ans aux yeux jaunes, en colère.

Et une fois au lit, j'envoyais des messages à droite à gauche à mes amis, me défoulant à propos de combien il pouvait être con.

Il allait sur YouPorn, j'imagine. Un gars que j'avais rencontré pour Ma Chronique, quatre divorces et six chats, m'avait dit que ça se passait comme ça, quand une histoire finissait : « Elle, elle va se coucher à dix heures et toi, tu te connectes sur YouPorn. Mais moi, ça m'a saoulé alors je me connecte directement à YouPorn, je donne à manger aux chats et bonne nuit tout le monde. »

C'est fini, entre Mon Mari et moi ?

Le savait-il avant même de partir à Dublin, avant son escapade à New York, et cherchait-il sur YouPorn l'inspiration que je ne parvenais plus à lui donner, ou qu'il n'arrivait plus à trouver chez moi ?

Je ferme le document de mon roman et je tape : www.youporn.com.

Comment est-il possible que la curiosité de comprendre ce qui se passe de ce côté-là ne m'ait jamais pris ? Je ne me l'explique pas.

Dix minutes sont courtes, très courtes pour le comprendre vraiment, je m'en rends compte immédiatement : il y a trop de choix, trop de possibilités.

Vidéos porno amateurs, lesbiennes, ébène, fétichisme, WebCam, sexe en direct…

Par vocation, je choisis la section des films amateurs.

J'en choisis un d'une durée de onze minutes.

Elle est un peu blonde, mais pas vraiment, elle a quelques kilos en trop, les fesses basses, de gros seins, un string en dentelle blanche.

Lui a un tatouage d'aigle sur le dos, des lunettes de soleil, des muscles fins, bien dessinés.

Ils se trouvent dans une chambre plutôt anonyme d'un hôtel en bord de mer. D'après la lumière, on dirait le début d'après-midi d'un semblant de début d'été.

Il est sur elle. Pendant quatre minutes.

Elle se met sur lui. Deux minutes.

Il se met un masque de robot, elle de Spider-Man et se place à genoux au pied du lit.

Je m'ennuie.

Sur mon portable, j'ai conservé de nombreux numéros des personnages passés dans Ma Chronique. Je cherche celui du multidivorcé, et je le trouve. Je lui écris :

JE REGARDE UNE VIDÉO SUR YOUPORN, MAIS UN ÉPISODE DE *QUARK* ME SEMBLE PLUS EXCITANT ! ME SUIS-JE TROMPÉE DE VIDÉO ? EST-CE MOI QUI ME TROMPE ? CHIARA G.

Pendant que la fille un peu blonde fait tout ce qu'elle peut pour faire jouir le mec, et regarde de temps en temps vers la caméra en se passant un doigt sur les lèvres, le multidivorcé me répond :

SALUT, CHIARA ! LA VIDÉO TE DÉPRIME PARCE QUE TU ES CONTRE LE COMMERCE SEXUEL DE CETTE ÉPOQUE HÉDONISTE ? PARCE QUE TU PENSES À DES HOMMES COMME MOI, DONT LA VIE SEXUELLE SE RÉSUME À CES IMAGES SORDIDES ? OU PARCE QUE TU NE RÉUSSIS PLUS À ÊTRE TRANSPORTÉE PAR LE CHARME DU SEXE ET QUE TU TE SENS COMME UNE RESCAPÉE ? LA PREMIÈRE, LA DEUXIÈME OU LA TROISIÈME ? LAQUELLE CHOISIS-TU ?

Au secours. Je n'en sais rien.

PEUT-ÊTRE LA TROISIÈME. PEUT-ÊTRE PARCE QUE SI CE N'EST PAS MOI QUI LE FAIS, ÇA NE M'INTÉRESSE PAS PLUS QUE ÇA.

ALORS TU ES SAINE, me répond-il.

Puis il réfléchit.

ET AUSSI NARCISSIQUE. MAIS PENSE UN PEU À TOUS LES DÉGÂTS COLLATÉRAUX QUE TU T'ÉPARGNES EN REGARDANT LE SEXE PLUTÔT QU'EN DEVANT LE FAIRE TOI-MÊME À TOUT PRIX !

Comme de dire : « Génial, la vie, quand elle ne nous concerne pas. »

Le mec enlève son masque de robot pour que la caméra voie son visage tel qu'il est, quand il jouit.

Est-il beau ?

Est-il laid ?

C'est le sien.

Absurde, ennuyeuse et géniale est la vie, quand elle ne nous concerne pas.

– 10 –

Mercredi 12 décembre
Lever du soleil 7 h 29
Coucher du soleil 16 h 39

Point de croix

Point de croix horizontal

— Toujours prendre comme référence les petits carreaux qui composent le tissu.

— Enfiler l'aiguille (avec du fil de la même couleur que le tissu) à l'envers de la toile et le faire ressortir à l'endroit, puis effectuer un point en diagonale, de l'angle gauche en bas du petit carreau vers l'angle droit en haut.

— Faire sortir l'aiguille à l'angle en bas à gauche du carreau suivant et effectuer un autre point en diagonale.

— Continuer ainsi jusqu'à avoir cousu une ligne de points en diagonale.

— Faire le parcours en sens inverse pour réaliser la croix.

IMPORTANT : changer la couleur du fil quand c'est nécessaire (marron pour le hérisson, rouge pour le cœur, vert pour le buisson).

Quand votre fil est terminé, faire un nœud au revers

de la toile en faisant passer le fil sous les points déjà effectués.

Ces notes ont été écrites pour moi (et je les recopie mot pour mot) par la petite dame aux lunettes à triple foyer et monture d'écaille que j'ai rencontrée à la Maison de la Couture. Je ne pensais pas qu'un tel endroit puisse encore exister, et résister, au monde. Dans ce quartier, en plus. À trois pâtés de maisons de chez nous. De chez moi.

Mon Mari m'a toujours appelée Mister Magoo justement pour cela. Comme le Mister Magoo du dessin animé et du téléfilm, je tombe, je trébuche, je ne me rends même pas compte quand je suis en danger, je ne sais pas conduire et, jusqu'il y a une semaine, je n'imaginais même pas être capable de cuisiner quelque chose de mes propres mains parce que ce sont elles, fondamentalement, mon problème : mes mains. Quand elles doivent rattraper un truc en train de tomber, ou juste veiller à tenir un verre sans renverser son contenu sur moi, quand elles doivent changer la pile de la télécommande, dévisser une ampoule, les voilà qui… semblent se transformer en deux… pancakes. Oui. Molles, glissantes, sirupeuses.

Elles ne le font pas exprès, je ne le fais pas exprès – même si Mon Mari, parfois, avait des doutes quand, je ne sais pas, moi, je confondais les câbles et risquais de relier la télé au téléphone au lieu du lecteur DVD, ou quand, un soir, en entrant dans l'ascenseur, une bouteille de vin m'a mystérieusement glissé des mains dans la cage d'escalier. Ce genre de choses.

Des choses qui a priori excluent de « l'art ancien et

raffiné de la couture » (comme l'annonce le sous-titre d'une des nombreuses revues spécialisées exposées à l'entrée de la Maison de la Couture). Si bien que je ne m'étais jamais aperçue de l'existence de ce magasin.

Aujourd'hui, pendant que je rentrais de la gym, je réfléchissais à mes dix minutes quotidiennes et je suis littéralement rentrée dedans : une boutique à l'ancienne, à l'atmosphère suspendue, faite de poussières et d'obscurité, de mille rayonnages, mille tiroirs. Des pelotes de laine rangées par couleur emplissent des étagères entières, des échantillons d'étoffe semblent dire « choisis-moi, choisis-moi ».

La vieille dame aux grosses lunettes qui officiait derrière la caisse m'a rappelé ma grand-mère. Oui. Elle avait le même air de lutin, les os fins et les gestes rapides, les cheveux en forme de nuage blanc. Je l'ai revue tout à coup faire des allers et retours dans le potager de Vicarello, ma grand-mère, arrachant les mauvaises herbes, avec son large chapeau de paille et ses bottes en caoutchouc. Elle est morte dans son sommeil, sans dire au revoir, un matin de mai : légère comme elle était au monde, elle s'en est allée. J'avais dix-huit ans, et dix jours plus tard je rencontrai Mon Mari. J'ai toujours regretté qu'elle ne l'ait pas connu. Encore aujourd'hui, malgré tout ce qui s'est passé, je le regrette encore.

Je me suis approchée de la caisse, et ai expliqué à cette dame comment j'étais arrivée là.

— Je ne connais rien, absolument rien à la couture. Mais chaque jour, pendant dix minutes, je dois faire une chose que je n'ai encore jamais faite. Et aujourd'hui, je voudrais essayer celle-là.

Les yeux transparents de la vieille dame cherchent au fond des miens, derrière ses verres épais. Elle sourit.

— Quelle belle idée.

Et elle a tapé dans ses mains. Une fois. Deux fois. Elle s'est mise à farfouiller dans ses mille tiroirs, en a sorti des aiguilles, des pièces rembourrées de coton coloré. Une toile avec un hérisson imprimé dessus, un cœur et un buisson.

— Voici une toile tissée large : même un enfant réussirait, ne vous inquiétez pas, m'a-t-elle assuré.

Et elle m'a conseillé de commencer, comme tous les débutants, par le point de croix horizontal, la technique la plus simple, sur ce genre de toile.

— Vous voyez ? Il suffit de faire passer l'aiguille ici, puis ici, là et encore là, et puis de revenir en arrière, en gardant bien à l'esprit que…

Elle parlait, parlait, rapide comme ses petites mains qui couraient sur la toile, mais s'est vite rendu compte que j'étais incapable de la suivre. Alors elle m'a écrit ces notes.

Et elle m'a saluée avec une prophétie.

— Je vous reverrai bientôt, j'en suis sûre. Une fois qu'on commence à broder, on ne peut plus s'arrêter !

Ses mots résonnent en moi mais, non, ce truc du point de croix, je ne l'ai pas compris, je n'y arrive pas. Je regarde ma montre, et seulement deux minutes sont passées. Elles m'ont paru éternelles. J'insiste. J'ai commencé par le hérisson, peut-être aurais-je dû commencer par le cœur, me dis-je. Je passe du fil marron au fil rouge : la chose devient encore plus pénible. Qui sait où est mon erreur, où je devrais piquer cette fichue aiguille pour la faire entrer dans le bon carreau. Tout est tellement compliqué, tellement impossible, les fils font ce qu'ils veulent, l'aiguille est trop grosse, les carreaux trop petits, l'aiguille est trop petite, les carreaux trop grands.

Et le revers de la toile, au bout des dix minutes, est un véritable carnage de nœuds énormes, désordonnés, les uns sur les autres.

Même un enfant y arriverait, avait dit la dame : et moi je n'ai pas réussi.

Elle ne me reverra pas de sitôt, et j'en suis un peu désolée, mais la broderie, ce n'est décidément pas pour moi. Si bien que, pour la première fois, j'ai l'impression d'avoir échoué avec mes dix minutes.

Pourtant.

Pourtant, je suis émue de savoir qu'il y a dans le monde une dame qui ressemble à ma grand-mère.

Dans ce quartier en plus. À trois pâtés de maisons de chez nous. De chez moi.

– 11 –

Jeudi 13 décembre
Lever du soleil 7 h 29
Coucher du soleil 16 h 39
Nouvelle lune 9 h 42

Et toi, comment vas-tu, maman ?

Ça doit être la petite dame de la Maison de la Couture et le fantôme de ma grand-mère, mais aujourd'hui ma nostalgie pour Vicarello se fait proprement insoutenable.

Je travaille un peu au roman, puis j'appelle ma mère.

— Tu es à la maison à l'heure du déjeuner ?

— Oui, bien sûr.

— Alors attends-moi, j'arrive.

Mais avant de partir, je veux lui faire une surprise.

Puis je prends le train pour Vicarello. *Ce* train.

Le train que j'ai pris des milliers de fois : dans un sens, puis dans l'autre. De nouveau dans un sens. Puis dans l'autre. Vers une famille avec laquelle déjeuner pour Ma Chronique, vers le cabinet de Mon Mari pour lui faire une visite à l'improviste, vers un cinéma, une réunion avec mon éditeur, la présentation d'un roman, le gynécologue, le dentiste. Et puis retour. À la maison. Ma Maison pour de vrai, et un point c'est tout, Ma Maison de toujours et pour toujours.

Ma mère m'attend à la gare. Elle est fatiguée, pressée même si elle ne saurait expliquer pourquoi, et heureuse de me voir, mais à peine suis-je descendue du train qu'elle me reproche d'être trop maigre : c'est ma mère.

Nous nous embrassons.

— Tiens.

Je lui tends un sachet contenant un plat, en faisant attention à le garder bien droit.

— Qu'est-ce que c'est ?

— Un tiramisù. C'est moi qui l'ai fait.

— Toi ?

Elle rit.

— Moi, dis-je sérieusement. J'ai découvert un site de recettes sur Internet. Et aujourd'hui, j'ai voulu essayer de faire un tiramisù. C'est toujours ton dessert préféré ?

— Oui, oui, fait-elle, toujours en riant.

Comme si elle n'y croyait pas, comme si c'était une blague de ma part. Moi, faire un tiramisù, sa fille. Cette douce folle. Un tiramisù. Qu'est-ce qu'il ne faut pas entendre !

Quand mes parents m'ont laissé la maison dans laquelle j'ai grandi, ils s'en sont aménagé une plus petite, dans une grange abandonnée, dans la même rue. Et ils sont allés y vivre.

Ils sont revenus dans l'ancienne maison quand, il y a deux mois, enfin, les travaux de rénovation qui m'avaient exilée à Rome ont été terminés, et ils ont loué la grange à un couple d'Allemands à la retraite.

— Mais dès que ton contrat de location à Rome sera fini, celui des Allemands le sera aussi, ne se lasse-t-elle pas de me répéter. Et si tu veux, tu pourras revenir à la maison, et nous réintégrerons la grange.

Dans la cour de leur maisonnette, le couple d'Allemands est en train de jouer au rami, profitant de cet hiver qui n'en est pas un tant l'air est doux et le ciel limpide.

Dans la cour de Ma Maison, nos deux chiens se font doucement dorer au soleil. De cet hiver qui aujourd'hui n'en est pas un. Tout est à sa place, je suis à ma place.

C'est toujours comme ça quand je viens voir mes parents, depuis maintenant un an, depuis que tout a commencé à finir : même rénovée, cette maison demeure la même pour moi, et moi je redeviens la même, même si ce n'est que pour une heure. Celle d'avant que Mon Mari ne m'appelle de Dublin, de quand je tenais encore Ma Chronique, mes certitudes, mes peurs : douces elles aussi, comme tout ce à quoi, bon an mal an, on s'est habitué.

Les peurs que j'ai maintenant, en revanche, sont nouvelles : je ne les comprends même pas toutes.

Les certitudes sont perdues.

Je fais un tour dans ma chambre, sous prétexte de prendre un livre dont j'ai besoin : voilà le lit d'où j'appelais maman et papa, la nuit, rien que pour être sûre que même s'ils dormaient, ils me répondraient et me montreraient que j'étais plus importante que leur sommeil, plus importante que tout, moi. Voilà les étagères avec mes livres d'école, encore tous là. Il y a aussi ce volume de droit privé et de procédure pénale de Mon Mari. Et sur les quatre murs sont affichées nos photos, les miennes et les siennes. Au Cambodge, en Chine, au Mexique, au Chili, au Costa Rica, à Amsterdam, dans la cour de la vieille grange. La chambre d'à côté était celle de mon frère, quand nous étions petits : ensuite, il est allé faire ses études à Milan. Il travaille aujourd'hui à Berlin. Et quand j'ai vécu seule dans cette grande maison, dans cette chère maison, j'ai loué sa chambre à Gianpietro, qui a rempli l'armoire de chemises brillantes en strass et de mocassins stylés, puis à Carlo, qui l'a remplie de journaux et de cartes de l'Arcigay et du parti démocrate, à Vincenzo qui était cuisinier, à Igor qui voulait devenir comédien, à Alessandra, manager de carrière, mais qui dès son travail terminé prenait son cheval et s'en allait, libre, dans les campagnes autour de Vicarello.

Avec Gianpietro, j'ai ri, j'ai pleuré, je l'ai même tapé un jour avec une cartouche de cigarettes : moi, inquiète et casse-couilles, lui, inquiet et casse-couilles, tous les matins nous nous insultions, et chaque soir nous chantions du Mina en karaoké jusque tard dans la nuit.

Avec Carlo, sans m'en apercevoir, j'ai testé ce qu'est le mariage : à tour de rôle, nous faisions le mari et la femme, en fonction de qui avait le plus besoin de se sentir protégé, de trouver le lit refait ou d'une bouillotte d'eau chaude à se mettre sur le ventre. Au contraire de mon véritable mariage, notre compagnonnage, même si lui vit aujourd'hui à Bruxelles où il travaille pour le Parlement européen, dure encore, sereinement.

Il était rare que je croise Vincenzo et Igor dans la journée, Alessandra a été et reste l'une des personnes que je préfère, avec qui je m'entends le mieux.

Mais ensuite, c'est Mon Mari qui est venu vivre ici avec moi, lui qui existait déjà, naturellement. Déjà là quand il y avait Gianpietro, Carlo, Vincenzo, Igor et Alessandra.

Ces années ont été bien remplies, désordonnées et, à leur façon, parfaites, celles-là : j'avais mes démons habituels en tête et dans le cœur, mais la troupe qui défilait à travers la maison réussissait à les distraire. Quand ensuite Mon Mari rentrait de la fac et dînait avec Gianpietro et moi, ou restait dormir pendant le week-end et que Carlo nous apportait le petit déjeuner au lit, quand il venait faire du cheval avec Alessandra et moi, quand tous ensemble nous faisions du feu dans la cheminée, que nous nous recroquevillions autour pour le regarder en nous étourdissant de conversations, de pétards, de gâteau au chocolat, jusqu'à ce que ma mère sonne à la porte et se présente avec un plateau couvert de jambons, fromages et légumes du jardin grillés pour tout le monde… Eh bien, je ne sais même pas où étaient mes démons. Ce qui est sûr, c'est qu'ils n'étaient pas avec nous.

Ensuite Mon Mari a été diplômé, moi aussi, j'ai publié mon premier roman, il a réussi l'examen d'État, j'ai publié mon deuxième roman. Et lorsque Alexandra a déménagé à Turin, sans besoin de nous concerter, nous nous le sommes dit : essayons. Et sans avoir besoin d'essayer, nous avons tout de suite réussi à vivre ensemble. Ici. Tandis que de vivre ensemble là-bas, à Rome, dans la Maison des Adultes, nous n'en avons pas été capables.

Nous mangeons des tomates avec de la mozzarella. Les tomates viennent du potager, bien sûr.

— Maintenant que tu sais préparer le tiramisù, tu pourrais aussi apprendre à t'occuper du potager, non ?

— Je ne voudrais surtout pas te priver du bonheur de le faire.

Ma mère sourit. Mon Mari avait même tenté, une fois, de planter des choux, mais en moins d'une semaine, il avait déjà oublié dans quel coin il avait placé les graines.

Ce sont les parents qui font certaines choses pendant toute la vie, peut-être même quand ils seront morts, point. Nous ne les faisons pas, ou nous les faisons mal, justement pour qu'il leur soit bien clair, à ces choses, que « c'est papa et maman qui s'occupent de vous ».

C'est papa et maman qui s'occupent de nous.

— Alors, comment ça va ?

— Bof. J'avance bien dans mon roman, et ça, c'est une bonne nouvelle. C'est la seule, malheureusement.

— Tu verras que ça va passer. Il faut seulement du temps.

— Bien sûr. Et ici, quoi de neuf ? Ça fait un mois que je n'ai pas eu de nouvelles de Matteo…

— Chiara, tu sais bien comment est Matteo. Appelle-le toi-même, non ? Il est très, très pris par son nouveau travail, depuis qu'il a été muté à Berlin, il n'a même plus le temps de dîner, je vais retrouver un sac d'os, pire que toi… Espérons que tout aille bien, je le sens tellement stressé. Ton père dit que c'est normal, mais moi, je n'ai pas envie que le travail prenne le dessus, comme pour lui… Mon Dieu, il a soixante et onze ans et il continue à travailler comme s'il avait l'âge de Matteo, justement. Si seulement il était heureux. Mais même pas. Il est toujours tendu, de mauvaise humeur… Encore heureux, dimanche dernier, après le déjeuner, il s'est mis dans la cour, s'est allongé dans le hamac et est resté tranquille à se reposer pendant au moins une heure. On aurait dit un enfant, si tu l'avais vu. D'ailleurs on sait bien qu'il…

Je l'interromps.

— Mais toi ? *Toi*, comment vas-tu ?

Ça m'est venu tout à coup, pendant que je l'écoutais, comme une illumination. Je commence à regarder ma montre et j'insiste :

— Toi, comment vas-tu, maman ?

Elle se lève, commence à débarrasser.

— Je te l'ai dit, Chiara, je me fais du souci pour Matteo, et pour papa. Et bien sûr pour toi. Quand as-tu parlé pour la dernière fois à ton mari ?

Je la tire par le bras, pour l'inviter à s'asseoir.

— Maman, vraiment, dis-moi comment tu vas.

— Je dois mettre les assiettes à tremper, Chiara.

— Je vais m'en occuper après. Cool.

— Tu ne le feras jamais.

— Alors d'accord, tu le feras, toi. Mais après. Pour l'instant, reste là, tranquille. Pendant au moins dix minutes.

Elle me regarde, perplexe. Elle s'assied.

— Alors ?

— Alors quoi ? Tu es devenue folle ?

Elle me regarde comme si, réellement, elle était inquiète pour ma santé mentale.

— Pourquoi, maman, excuse-moi ? Je voudrais simplement savoir comment tu vas.

— Bien, comment veux-tu que ça aille.

— Mmm.

— Mmm.

— À l'hôpital ? Tout va bien ?

Ma mère était institutrice à l'école maternelle de Vicarello. Puis, il y a douze ans, elle est partie à la retraite et a commencé à travailler comme bénévole à l'hôpital San Giovanni de Rome.

Je me rends compte à cet instant précis, et pendant que je m'en rends compte, j'en éprouve de la honte, qu'en plus de ne jamais lui demander comment elle va, tant sa vie est toute dédiée à comment nous allons, mon frère, mon père et moi, je ne lui ai jamais demandé, précisément, ce qu'elle fait dans cet hôpital. Et ça fait douze ans qu'elle y travaille. Douze.

— Tout va bien, oui.

Elle est nerveuse. Elle n'aime pas rester assise. Surtout s'il faut encore débarrasser, mettre les assiettes à tremper, remplir le lave-vaisselle.

— Maman ?

— Oui.

— Comment ça s'est fait que tu deviennes bénévole à l'hôpital ?

— Écoute, Chiara, maintenant ça suffit, dit-elle en se levant de nouveau. Qu'est-ce que c'est ? Une plaisanterie ?

De nouveau, je la tire par le bras, et l'invite à s'asseoir.

— Non, maman, ce n'est pas une plaisanterie. C'est que depuis que Mon Mari est parti et que je n'habite plus ici, je devrais vivre, mais au contraire, j'ai l'impression de mourir. Tu le sais, non ? Et alors ma psy m'a proposé un exercice : une fois par jour, pendant un mois et pendant dix minutes, je dois essayer de faire quelque chose que je n'ai jamais fait.

Ma mère commence à se détendre : elle n'a pas bien saisi cette histoire des dix minutes, mais s'il s'agit de résoudre le problème d'un de ses enfants, alors oui, bien sûr, elle est toute disposée.

— Et donc, qu'est-ce que je peux faire pour toi, ma chérie ?

— Tu pourrais me parler de toi. De l'hôpital. Tu n'en parles jamais.

— Parce que personne ne me le demande, dit-elle en baissant les yeux, mais elle les relève immédiatement. Vous avez déjà tant de soucis, toi, papa et Matteo. Comme si vous aviez besoin des miens en plus…

— Allez, maman, raconte.

Et ma mère, finalement, se met à raconter. Qu'il existe une association de bénévoles qui s'appelle Arvas. Qu'il faut suivre une formation pour en faire partie, ce qu'elle a fait. Actuellement, elle travaille dans le service d'hématologie de l'hôpital San Giovanni, avec d'autres bénévoles. Que font-ils ?

— Nous aidons les patients à résoudre plus rapidement les démarches administratives, nous faisons de l'accueil à l'hôpital de jour, nous donnons un coup de main pour les repas. En gros, nous tenons compagnie aux patients, voilà.

— Comment ?

— En bavardant avec eux. Nous leur lisons des livres, nous organisons des stands de vente dans les couloirs. Depuis le mois dernier, il existe même un journal : nous, les bénévoles, nous y écrivons des recettes, des critiques de livres, des anecdotes à propos de la vie du service. Et ensuite, nous le distribuons dans les chambres.

Je la regarde, elle me regarde. Elle baisse de nouveau les yeux. Rougit-elle ? Elle rougit. Et ajoute :

— Tu sais, parfois, on distribue des questionnaires aux patients.

— Pourquoi ?

— Afin de pouvoir évaluer les services proposés par l'hôpital et de pouvoir les classer : « inutiles », « utiles » ou « indispensables ».

— Et ?

— Et nous, bénévoles, sommes classés dans les « indispensables ».

Elle lève les yeux. Elle sourit. Fière.

Quand ? Quand est-ce que ma mère travaillait pour sa formation Arvas ? Par quelle angoisse inutile étais-je encore accaparée au point de ne pas m'en apercevoir ? Quelle mère de famille étais-je en train d'interviewer pour Ma Chronique tandis que la mienne organisait une vente dans les couloirs de l'hôpital ? De quoi étais-je en train de parler avec mon éditeur ? Qu'est-ce que je faisais ? J'entrais dans la cuisine et je la bousculais comme une furie parce que je ne trouvais pas l'amorce de mon nouveau roman ? Je lui téléphonais en pleurant parce que je m'étais disputée avec Mon Mari pour une raison déjà oubliée le lendemain ? C'est possible. Et elle, pendant ce temps ? À quoi pensait-elle le premier jour où elle a travaillé à l'hôpital ? Avait-elle peur de se tromper ? Et où a-t-elle puisé l'énergie de travailler en côtoyant la mort quand celle-ci n'est plus seulement une façon de parler, une hypothèse, une idée, mais que, toute la journée, elle rappelle, ohé, messieurs-dames, je suis là, je pourrais arriver bientôt, je peux arriver tout de suite ? Où la trouve-t-elle, toute cette vitalité ? Et la mort qui rappelle tous les jours, ohé vous autres, je suis là ! Où la met-elle, ma mère, après avoir travaillé en la côtoyant toute la journée ?

Mais surtout :

— T'arrive-t-il de t'attacher à un patient qui finalement ne s'en sort pas ?

— Tout le temps.

Elle baisse encore les yeux. Les relève.

— Il y a trois ans, une jeune femme est morte de leucémie. Elle était belle. Magnifique. Elle s'appelait Letizia, avait dix-sept ans et parlait énormément, comme toi. Elle rêvait de devenir styliste et dessinait des vêtements toute la journée. Quand elle est morte, Irene, la propriétaire de la boutique où je te dis toujours que tu devrais aller pour ne pas t'attifer comme un épouvantail, a réalisé les vêtements de Letizia. Ses camarades de classe ont fait les mannequins et… Bref, ça a donné un véritable défilé de mode. Voilà.

— Où ça, maman ?

— Dans un parc de Rome que nous a mis à disposition Maria Grazia.

— Qui est Maria Grazia ?

— Une de mes amies.

— Quand ?

— Quand quoi ?

— Quand a eu lieu tout cela ?

— Il y a trois ans.

— Et moi ? J'étais où ?

— Ma chérie, qui s'en souvient ?... Pourquoi ? Tu aurais voulu venir ?

— ...

— Tu peux venir quand tu veux, si cela te fait plaisir. Justement hier, Marietta, une hôtesse de Cagliari qui a fait le tour du monde et a plus ou moins ton âge, pendant qu'elle attendait son tour pour la chimiothérapie et qu'on bavardait de tout et de rien, m'a dit : « Laura, nous sommes si bien ensemble toutes les deux... Quand je sortirai d'ici, nous pourrions faire un beau petit voyage, qu'en dis-tu ? Peut-être même avec ta fille : j'ai lu tous ses romans, et j'aimerais bien la rencontrer ! » C'est ce que m'a dit Marietta.

Les dix minutes sont passées depuis longtemps. Ma mère parle depuis au moins une demi-heure, et je l'écoute.

Nous restons un moment dans un silence plein de toutes les questions que, jusqu'à aujourd'hui, j'aurais pu lui poser sans l'avoir fait, des réponses qui me manquent encore, des vêtements de Letizia, des voyages de Marietta.

— Tu sais, maman... pour Noël...

— Ma chérie, ne t'inquiète pas : tu nous l'as déjà dit de nombreuses fois. Tu viens ici avec Ato et ton ami Gianpietro et nous dînons tous ensemble comme si de rien n'était, comme si ce n'était pas Noël. C'est très bien comme ça. Nous nous rendons bien compte, tu sais, que ce ne doit pas être facile pour toi, le premier Noël sans...

— Je voudrais vous inviter papa, toi et Matteo à dîner chez moi, à Rome, le soir du 24.

Je le découvre en le disant.

— Chez toi ?

— Oui.

— Et qui ferait la cuisine ?

— Gianpietro la fait très bien. Et moi, j'ai appris à faire le tiramisù, n'est-ce pas ?

— …

— Et d'ailleurs, allez, goûtons-le.

Elle saute comme un élastique, enfin libre de se lever, de mettre les assiettes à tremper, de faire ses petites affaires en cuisine. Puis elle revient avec mon tiramisù. Pendant le voyage en train, il s'est un peu affaissé, mais il a l'air bon, ni trop sucré, ni trop amer, et en tout cas, il surpasse grandement les pancakes.

— Excellent.

— La crème devrait être moins lourde ?

— Peut-être, oui. Tu pourrais essayer avec du Philadelphia à la place du mascarpone… Mais il est bon. Vraiment. Et même, regarde, j'en reprends encore un peu.

Elle est sur le point de se resservir.

— Excuse-moi, maman.

Elle reste avec la cuillère en l'air, étonnée.

— T'excuser pour quoi, ma chérie ?

— De ne jamais te demander de parler de toi.

— Mais toi, tu es ma petite fille chérie, répond-elle. Bien sûr, tu es un peu folle et un peu égocentrique. Mais tu es ma petite fille.

Et elle m'ouvre ses bras.

— Viens là.

– 12 –

Vendredi 14 décembre
Lever du soleil 7 h 30
Coucher du soleil 16 h 40

Voler

Je ne suis plus la brave petite fille de papa et maman, je ne suis plus la timide jeune fille de dix-huit ans avec des tresses, je ne suis plus la brave petite fille, je ne suis plus la fille timide de dix-huit ans. Je me le répète, pendant que je le glisse dans ma poche : un yaourt Müller, ananas & pêche.

Je me promène de long en large parmi les étalages du petit supermarché en bas de chez moi.

Puis de large en long.

Encore de long en large.

Pendant dix minutes.

Puis je sors.

Et je fais un pas de hip-hop, pour fêter mon premier larcin.

– 13 –

Samedi 15 décembre
Lever du soleil 7 h 31
Coucher du soleil 16 h 40

Le frein, l'embrayage et tes raisons

Hier après-midi, Ato est revenu et j'ai de nouveau préparé un tiramisù en mettant du Philadelphia à la place du mascarpone comme me l'a conseillé ma mère.

Les proportions étaient pour six personnes, mais nous avons tout mangé, en regardant la troisième saison de *The Vampire Diaries*. À quatre heures du matin, nous étions encore là, scotchés à la télé, à racler le plat à la petite cuillère, à mettre les DVD l'un après l'autre.

Mais ce matin à l'école, il y a une réunion pédagogique et Ato peut faire la grasse mat.

Quant à moi, comme d'habitude, je me réveille trop tôt, avec en moi l'impossibilité de me lever, d'ouvrir les rideaux et commencer une nouvelle journée, la énième avec laquelle j'engage un bras de fer depuis presque un an.

Quand Ato se réveille à son tour, je lui fais part de l'idée qui m'est venue à Vicarello pour la veillée de Noël :

— J'en ai déjà parlé avec ton responsable : tu pourrais passer ici toutes les vacances de Noël, si tu veux. Et le soir du 24, on inviterait mon frère et mes parents à dîner. Il y aurait aussi tata Piera, qui cuisinerait. Qu'en dis-tu ?

Ato a un visage radieux : l'idée lui plaît, et même beaucoup. C'est Gianpietro qui un jour, à la fin d'une de nos infinies conversations téléphoniques Palerme-Rome, m'a demandé de le lui présenter. Je lui ai passé le combiné et ils sont restés plus d'une heure à bavarder. Ou plutôt, Gianpietro bavardait, Ato acquiesçait de la tête.

— Il m'a dit que je devais l'appeler tata Piera, m'a-t-il annoncé après avoir raccroché.

Cela ne semblait pas l'étonner plus que ça. Ils ont commencé à s'écrire sur Facebook : aujourd'hui, tata Piera m'a posté une vidéo de Shakira, tata Piera m'a conseillé de me laver les dents avec une brosse électrique et d'utiliser une fois par mois un blanchisseur, tata Piera par-ci, tata Piera par-là. Il est fou de Gianpietro, Ato. Et évidemment il compte les jours avant de pouvoir la rencontrer en personne, cette nouvelle tante.

— Nous nous occuperons du dessert, poursuis-je. Le tiramisù d'hier était bon, mais peut-être que, pour Noël, il nous faut quelque chose de plus…

Le téléphone sonne.

C'est lui. Ça fait une éternité que nous ne nous sommes pas parlé. Deux jours et demi pour être précis. Une éternité que nous ne nous voyons pas : treize jours.

Une somme pour des gens qui avaient décidé de passer le restant de leurs jours ensemble, pour le meilleur et pour le pire.

— Salut, toi.

— Salut, Mister Magoo.

— Salut.

— Tu fais quoi ?

— Rien. Et toi ?

— Rien.

— Ah.

— Oui.

— Oui.

— Mmm.

— …

— Tu es libre ce soir ?

— Cet après-midi, je vais voir *Le Hobbit* avec Ato.

— Je viens te chercher à la sortie.

— D'accord… Tu seras en voiture ?

— Je pensais venir en scooter, pourquoi ?

— Viens plutôt en voiture.

— OK.

Je le trouve à la sortie du cinéma, adossé à une colonne, en train de fumer. Il a grossi ces derniers mois, s'est trop laissé pousser la barbe et les cheveux : mais il me semble toujours aussi beau.

Il me sourit avec ses yeux jaunes qui m'ont fait tomber amoureuse immédiatement il y a dix-huit ans, je l'embrasse sur la joue.

Ato lui dit bonjour, me salue et se dirige vers la maison : il veut revoir le dernier épisode de *The Vampire Diaries*, dit-il. Mais en réalité, il veut juste nous laisser seuls. À faire quoi, il ne le sait pas. Nous ne le savons pas nous-mêmes.

Nous nous dirigeons vers sa voiture, je me mets à parler de tout et de rien, surtout de rien, comme toujours quand je suis tendue, et il fait de même.

— Tu veux manger quelque chose ? demande-t-il, quand nous arrivons au parking.

— Oui. Mais avant, je voudrais que tu me donnes une leçon de conduite.

— Magoo, mais qu'est-ce qui te prend ?

— Allez ! Une leçon rapide. Dix minutes, juste le temps de comprendre où sont le frein et l'embrayage.

Nous allons dans le garage du collègue auquel Mon Mari a loué une chambre quand il est rentré de Dublin. Il est assez vaste, et pour le moment il est désert. Nous échangeons nos places, Mon Mari me laisse le volant.

— Alors, courage. Tu mets le pied droit ici, et le gauche là. Pour être clair : la pédale sous ton pied droit, c'est l'accélérateur. Sous le pied gauche, c'est l'embrayage. Celle du milieu, c'est le fr… Mais qu'est-ce que tu fous, bordel !?

— Pardon.

J'ai appuyé sur l'embrayage, ou peut-être le frein, pendant qu'il parlait. Le moteur a calé.

— Allez, remets le contact. Tourne la clé, voilà : comme ça. Et en même temps, tu appuies… Non ! Pas sur celle-là, nom de Dieu ! L'autre !

— Ça va, ça va, t'emballe pas.

De tous les profs que j'ai eus jusqu'à maintenant

pour mes séances de dix minutes, de Rodrigo à Flacavi, la petite danseuse de hip-hop, de la petite dame de la Maison de la Couture à marmiton.org, Mon Mari se révèle être le plus impatient. Il hurle, tape du poing sur le volant, jure.

Quand le moment arrive de m'expliquer les vitesses, il se couvre les yeux d'une main pour ne pas voir la violence inutile que je mets à pousser d'avant en arrière ce truc.

— Ça ne s'appelle pas un truc. Ça s'appelle un levier de vitesses. Et tant que tu n'appuies pas sur la pédale d'embrayage, ça ne marchera jamais.

— Tu crois ?

— Je crois.

Mais finalement, à trente à l'heure, en passant de la première à la seconde et de la seconde à la première, je finis par avoir fait un tour de garage. Puis un autre. Comme ça pendant dix minutes.

— C'est bien comme ça. Maintenant, essaie de freiner seule. Ralentis. Et ensuite, frei… Putain, Magoo !

D'accord, d'accord, j'ai oublié de rétrograder de la seconde à la première et la voiture a de nouveau rendu l'âme. Mais je suis fière de moi comme peut-être jamais auparavant, depuis que j'ai commencé le jeu des dix minutes.

« Pourquoi ne conduis-tu pas ? Tu pourrais au moins passer le permis, même si c'est juste pour le garder sous le coude en cas de besoin, tu ne penses pas ? » Combien, combien de fois me l'a-t-on dit. Et pourtant, je ne sais pas exactement pourquoi c'est seulement ce matin, quand Mon Mari m'a téléphoné, que m'est venue l'envie, puissante, d'essayer. C'est peut-être qu'à Vicarello, tout se fait à vélo. C'est peut-être parce que de Vicarello à Rome, le train est très pratique. C'est peut-être parce qu'à Rome, avec le métro, on est plus vite arrivé, en général. C'est peut-être parce que, quand nous nous sommes rencontrés dans la salle d'attente du psychologue scolaire, Mon Mari – en parlant de tout et de rien – m'avait raconté qu'il venait de s'inscrire aux cours de conduite pour passer le permis, et alors, qui sait : peut-être que tandis que je plongeais tout entière dans ses yeux jaunes, je plongeais aussi dans la possibilité que ce soit toujours lui qui conduirait. La voiture. Le scooter. Moi.

— On passe à la marche arrière ?

— Non, c'est trop tôt pour t'apprendre aussi la marche arrière. Et puis, maintenant Magoo, s'il te plaît, je voudrais te parler. Tu continues avec cette connerie des dix minutes ?

Il a besoin d'être agressif, toujours plus agressif, depuis qu'il est rentré de Dublin. Comme si ce qu'il avait fait ne suffisait pas. Parce qu'il est trop arrogant pour demander pardon, soutient Gianpietro. Parce qu'il est trop fragile pour se pardonner lui-même, soutiens-je quant à moi.

— Oui, je continue. Et avec cette leçon de conduite, j'ai accompli mes dix minutes du jour.

— Non.

— Comment, « non » ?

— Non. Je voudrais que tu les consacres à m'écouter. Écouter mes raisons.

— Je le fais depuis dix-huit ans.

— Mais ces derniers mois, tu m'interromps tout le temps. Tu es encore trop pleine de rancœur et de rage.

— Écoutez-le parler. Et de toute façon, tu peux me

croire : maintenant je me concentre surtout sur mes responsabilités.

— Et alors ?

— Alors quoi ?

— Le jeu reste valable si, en une journée, tu fais deux choses nouvelles au lieu d'une ? Si maintenant, tu m'écoutes sans m'interrompre pendant dix minutes ?

— Allez, parle.

— Mais ne m'interromps pas.

— Je ne t'interromps pas.

Mon Mari commence à parler.

Dans le garage du collègue auquel il a loué une chambre.

Dans sa voiture.

Recroquevillé à la place qui a toujours été la mienne.

Pendant que moi, je suis au volant, son volant.

Et j'écoute.

Sans interrompre.

Pendant bien plus de dix minutes.

Il dit qu'il ne sait pas ce qui lui a pris, à Dublin.

Il dit que j'étais tellement nerveuse et de mauvaise humeur, depuis que nous avions déménagé dans la nouvelle maison, qu'il pensait presque me rendre service en débarrassant le plancher : qu'il l'a fait pour moi, en gros – et là, j'ai du mal, énormément de mal, à ne pas l'interrompre.

Il dit que c'est moi qui avais raison, nous n'aurions jamais dû venir vivre à Rome.

Il dit que tout était si facile, les premières années, nous étions tellement heureux à Vicarello.

Il dit que je le regardais comme s'il était un dieu et que ça lui donnait l'impression d'en être un.

Que quand j'ai eu résolu mes troubles alimentaires

et que j'ai recommencé à manger, que j'ai eu fini mes études et que mes romans sont arrivés, ainsi que Ma Chronique et le succès, mon regard a changé.

Et il dit que, dans mon regard d'aujourd'hui, il n'arrive plus à se voir.

C'est parce que tu n'y vois plus un dieu, mais simplement l'homme que j'aime ? voudrais-je lui demander. Ne vaut-il pas mieux être aimé plutôt qu'idolâtré ? N'est-ce pas tout, d'être aimé ? Mais non. Je ne l'interromps pas.

Il dit que Siobhan le regardait exactement comme ça : comme je le regardais, moi, jusqu'à il y a quelques années.

Il dit mais Siobhan, ce n'est pas toi.

Il dit mais pourquoi, pourquoi a-t-il fallu que tu grandisses ? Pourquoi ?

Je lui prends la main.

Il dit ça n'a pas de sens de me prendre la main, si tu ne comprends pas ce que je dis.

Je lâche sa main.

Il dit, ça n'a pas de sens de lâcher ma main, maintenant que tu l'as prise.

Je la lui reprends.

Il la retire immédiatement.

Il dit je ne comprends pas ce que je veux, Magoo. Recommencer à être un jeune homme, vivre un peu ici, un peu là, comme ça vient, me donne une belle énergie. Tu me manques, tu sais ? Mais l'enfer où nous étions arrivés ne me manque pas. Tous ces coups de gueule. Ces visages tendus. Ces portes claquées. Par contre, ça oui. Ça. Cette intimité.

Il dit dingue, l'intimité. Dingue, non ?

Il répète : non ?

Il dit évidemment, j'ai des problèmes avec cette

chose dingue, mais ne les avons-nous pas tous plus ou moins ?

Il dit selon moi, si, selon moi, nous avons tous ces problèmes.

Alors, si nous tentions de résoudre les nôtres en y renonçant, à l'intimité ? En nous voyant, je ne sais pas, seulement pour aller au cinéma, pour des leçons de conduite, pour un beau voyage ?

Il dit toi, tu ne peux pas te passer de moi, non ? Et alors, autant que tu m'acceptes comme je suis.

Tu ne crois pas que ce serait mieux de vivre comme ça, comme ça vient, plutôt que de devoir se coltiner des choses comme le sexe conjugal, la responsabilité, le respect réciproque, pour le meilleur et pour le pire ? Tu ne sens pas comme elles sont dures, ces expressions ? Froides ? Violentes ? Vaguement fascistes ? Alors tu m'étonnes qu'on craque et qu'on se tire à Dublin.

Non ?

Il dit tu n'es pas d'accord avec moi ?

Magoo ?

Tu sais, tu peux m'interrompre, maintenant. Et alors :

— Embrasse-moi, va, lui dis-je.

Il essaie, mais s'éloigne tout de suite. Il est enferré tout entier dans sa tête, il est maladroit, apeuré, ne sait plus ce qu'il dit. Mon amour : même moi, au volant, je semblais plus en mesure d'être moi-même.

Et soudainement, dans la voiture, il se met à faire froid.

Très froid.

Quoi ?

Qu'est-ce qui s'est passé ?

Il s'est passé que Mon Mari a perdu, en lui, le chemin de chez lui : et il aurait besoin de quelqu'un qui, comme le Petit Poucet, laisse des petits cailloux pour le lui indiquer. Il aurait besoin de moi. Mais après le choc de l'abandon, moi aussi, en moi, j'ai perdu ce chemin. Moi aussi j'aurais besoin du Petit Poucet. J'aurais besoin de lui.

– 14 –

3e dimanche de l'Avent
Lever du soleil 7 h 31
Coucher du soleil 16 h 40

Aux puces

— Ma chérie, bravo, c'est une idée merveilleuse ! s'exclame Gianpietro.

— Vraiment ?

— Bien sûr ! Sincèrement, ta fixette qui nous aurait tous obligés à faire semblant que ce n'était pas Noël m'angoissait.

— Tu sais bien comme ça m'angoisse moi-même, Noël. Dix-huit ans, tu te rends compte, Gianpi ? Ça faisait dix-huit ans que Mon Mari et moi l'évitions ensemble à l'autre bout du monde, ce fameux Noël.

— D'accord. Et depuis dix-neuf ans, mon père ne veut plus me parler, et moi, depuis que ma mère est morte, je le passe toute seule, Noël. L'année dernière, je l'ai passé dans un sauna, tu imagines. Sans parler d'Ato, pauvre étoile, qui sait combien il pensera à sa famille là-bas en Éthiopie, ces jours-là.

— En Érythrée.

— En Érythrée, d'accord. En tout cas, ma chérie : est-ce que nous voulons nous plaindre tous ensemble de notre sort ou passer une belle soirée ?

— On veut passer une belle soirée ?

— Exactement. Et tu as très bien fait d'inviter tes parents et ton frère à Rome. Tu vas voir, je vais préparer un dîner dont ils se souviendront… Laisse-moi me concentrer et je te rappelle pour te dire quels poissons tu dois commander, d'accord ?

— Gianpi, mais c'est dans plus d'une semaine !

— Tu plaisantes, ma chérie ? Les poissonneries sont prises d'assaut ces jours-ci ! Je sais que toi tu partais vagabonder à travers le monde comme une punk à chien avec Ta Mari, mais quand même, tu devrais connaître les règles de base d'un Noël qui se respecte… Qu'est-ce que tu pensais cuisiner à tes parents, des pancakes ? Allez, ça suffit, pas de simagrées. Je vais réfléchir à ce qu'il nous faut et je te rappelle. Hum… On pourrait commencer par une paella, qu'est-ce que tu en dis ? Comme ça, nous rendrons même hommage à nos vacances à Formentera, non ?

— C'est vrai.

— Ne prends pas ce ton avec moi, s'il te plaît. Du cœur ! De la joie ! C'est Noël, Jésus est né, dans sa grotte là-bas. Hourra !

— Et ça ?

— Ça, c'est une poésie que j'avais apprise à l'école élémentaire. Si tu voyais comme j'étais mignonne…

— J'imagine.

— Au fait, t'en fais quoi, de tes dix minutes, aujourd'hui ?

— Je vais aux puces. Je te raconterai. Salut.

— Salut, mon trésor. Passe-moi Ato, s'il te plaît. Je veux qu'il soit mon assistant le soir de Noël.

Je l'appelle.

— Ato, viens ! Y a tata Piera au téléphone qui veut te parler.

Ato se précipite, comme toujours dès qu'il s'agit de Gianpietro.

Je les laisse bavarder et je sors.

Une des innombrables raisons pour lesquelles, quand on me demande dans quel quartier de Rome j'habite et qu'à contrecœur, je réponds, tout le monde se gargarise en entonnant un « quelle chanceuse ! », est l'extraordinaire marché aux puces qui une fois par mois explose à quelques pas de chez nous. De chez moi, quoi.

Inutile de préciser que moi, a priori, j'ai toujours refusé d'y aller : c'est un truc de bobos, disais-je à moi-même et à Mon Mari. Un truc pour des soi-disant alternatifs. Rien à voir avec les vide-greniers d'été de Vicarello : sur les étals, on trouve de tout, mais entre les étals, on ne trouve pas ces gens avec cet air blasé de tout, ces visages tous semblables, très très intelligents, très très informés, solidaires, indignés, immobiles, bien intentionnés. C'est terrible l'anticonformisme de masse, terrible : ainsi concluais-je mes petites tirades contre le marché aux puces.

Lui qui, le pauvre, sans me renvoyer mes flèches, était là un dimanche par mois.

Est là.

Là où, aujourd'hui, j'emmène mes dix minutes.

Au pire, je trouverai bien quelques cadeaux de Noël : si ça doit être Noël, autant que ça le soit vraiment. Voilà ce que je me dis. Je pourrais acheter une chemise à la Liberace pour Gianpietro et une veste néoromantique, si tant est que ça se dise, pour ma mère.

Je ne sais même pas exactement où elles sont, ces fameuses puces, et ceux à qui je le demande me regardent avec de grands yeux comme si je demandais où se trouve le Colisée.

J'arrive au passage souterrain du métro le plus proche de la maison : ça devrait être ici, non ?

Non.

— Mesdames et messieurs, pour les vêtements d'occasion, ce sera dimanche prochain, m'informe un type qui ressemble vraiment à un des hobbits que nous avons vus hier avec Ato, le même corps de vieil enfant, les mêmes yeux sages. Aujourd'hui, c'est le jour des bandes dessinées d'occasion, j'ai des mangas de 1932, jetez-y un coup d'œil, j'ai aussi un Taniguchi original, poursuit-il.

Elles sont quand même valables, mes dix minutes ?

Bien sûr que oui.

Je jette un œil aux mangas du hobbit, puis me promène à travers les étals, soulagée de ne pas me retrouver parmi les gens que je craignais, et surprise de me trouver parmi des gens que je n'imaginais pas.

Curieux. Extasiés. Enfants, grands-parents. Tous en train de fouiller dans les caisses, cherchant à dénicher tel numéro de telle BD qui leur manque, à s'émerveiller, à être déçus s'ils ne le trouvent pas.

Et si la plus dangereuse anticonformiste de masse, c'était moi ? me dis-je en achetant un illustré de *Cyrano de Bergerac* de 1958. Et si cette espèce des gens que je ne supporte pas et qui grouille dans ce quartier n'était qu'un prétexte pour ne pas nommer la peur qu'il m'inspire, ce quartier ? Et si cette espèce de personnes ne grouillait pas dans le quartier, mais dans le monde en général, et si donc la peur que m'inspire ce quartier n'était qu'un prétexte pour la peur que m'inspire le monde en général ? Et si cette espèce de gens, en fin de compte, n'existait pas ? Mais que n'existait que le Moi, que moi qui ai besoin de gens à détester pour me protéger de moi-même ?

— Chiara !

Je lève les yeux de l'étal et de mes pensées et je rencontre ceux de Gioia. C'est la meilleure amie d'une de mes très chères amies. Je ne la connais que de vue, mais elle me plaît beaucoup : elle a un sourire contagieux, les yeux vifs, et m'a toujours fait l'effet d'une femme forte, libre.

Mais ces yeux vifs sont aujourd'hui gonflés. Vides.

— Maman, maman, où est l'album de Dora l'exploratrice ? Tu m'avais promis qu'il serait là !

Une fillette blonde de plus ou moins cinq ans est agrippée à son pantalon.

— Ma chérie, je l'ai vu là, regarde.

Et elle lui indique un stand. La fillette se précipite, Gioia s'approche de moi. Elle me prend par le poignet.

— Je n'en peux plus, Chiara, balbutie-t-elle à mon oreille. Je l'avais enfin trouvé. Lui, oui. L'homme idéal : c'est comme ça qu'on dit, non ? Figure-toi que je l'avais même présenté à ma fille… Tu te rends compte ? Nous étions ensemble depuis dix mois. Dix mois. Et tu sais ce qui s'est passé hier ? Nous avons fait l'amour, merveilleusement bien comme toujours, et moi, pendant que nous sommes là à nous câliner, je lui demande ce qu'il fera pour Noël. Ce que *nous* ferons pour Noël, voulais-je dire. Et lui ? Il me répond : en fait, moi je vais passer Noël chez les parents de ma fiancée. Elle a été mutée pour son travail à Londres pendant quelques mois, mais elle rentre après-demain. Nous sommes en train de finir d'aménager une maison pour y vivre ensemble… Je voulais t'en parler depuis un moment.

Sa fille l'appelle.

— Maman ! C'est vrai ! J'ai trouvé Dora ! On achète aussi les personnages ?

— Bien sûr, ma chérie.

Gioia a la voix brisée. Puis elle s'adresse à moi.

— Moi, cette fois-ci, j'y croyais, tu sais ? J'y croyais.

Et elle me serre le poignet encore plus fort. Je lui caresse la main, les cheveux. Elle a envie de pleurer, mais ne peut pas le faire : la petite fille continue à l'appeler, heureuse, en brandissant son album de Dora l'exploratrice. Et Gioia doit lui sourire, elle lui sourit.

Je voudrais la prendre dans mes bras, la bercer, la bercer avec moi.

Je voudrais lui dire qu'il n'y a pas le choix : dans des moments comme celui-ci, il faut tomber avec les bras, les jambes, le cœur, les poumons. Tout.

Il faut aller jusqu'au fond, il faut pourrir.

Je voudrais lui promettre qu'elle ne le sait pas encore, que maintenant elle ne peut pas l'imaginer, mais qu'un jour arrivera où elle découvrira qu'elle a survécu.

Et j'aimerais aussi lui dire d'avance que ce ne sera pas une belle découverte : lui tomberont dans les bras vingt-quatre albums d'heures et six paquets de personnages de dix minutes chacun dont elle ne saura pas quoi faire. Mais elle découvrira qu'elle peut au moins inventer un paquet de dix minutes chaque jour avec quelque chose d'idiot qu'elle n'avait jamais fait.

Ce ne sera pas grand-chose, mais ce sera toujours mieux que rien. Un petit truc idiot. Qu'elle n'avait jamais fait. À partir de quoi, peut-être, recommencer.

La petite fille est revenue près de nous. Je laisse mon numéro de téléphone à Gioia, et je prends le sien.

Je rentre chez moi, avec mon *Cyrano* et avec l'impression, ou peut-être l'espoir, que nous vivons vraiment, tous, dans une bande dessinée : et pendant que j'invoque un quelconque Joker qui viendrait nous enlever moi, Gioia et tous ceux qui ont les yeux gonflés et une déchirure au cœur dans la Gotham City de Noël qui approche, je reçois un message.

MARCHE ARRIÈRE ? À SIX HEURES, DANS LE GARAGE D'HIER ?

– 15 –

Lundi 17 décembre
Lever du soleil 7 h 32
Coucher du soleil 16 h 40

Deux lanternes chinoises

— C'est comme si… Comme si elles déclenchaient une sorte de courant, ces dix minutes.

— Expliquez-moi plus clairement, Chiara.

— Je ne l'ai pas encore compris exactement moi-même. J'ai l'impression que chaque jour transmet à celui qui va suivre une sorte de possibilité. Même si celle-ci ne se réalise pas forcément, hein. Mais qui a à voir avec…

— Avec ?

— Avec l'imagination et avec la perversion de ce que par commodité nous appelons la vie. Disons-le comme ça. Et avec le fait d'accepter que nous sommes bien moins imaginatifs, bien moins pervers qu'elle. Quelque chose de ce genre.

— …

— …

— Il suffit vraiment d'un instant, non ?

— Pour quoi faire ?

— Pour que nos schémas émotionnels et mentaux par lesquels l'inconscient se sent protégé et que nous considérons comme les frontières de notre identité, se révèlent en réalité être des limites.

— Il faut que j'y réfléchisse.

— Réfléchissez-y.

— …

— …

— … En effet… Comment est-ce possible que je ne me sois jamais aperçue qu'à deux pas de chez moi existait une Maison de la Couture ? Et qu'existent des revues spécialisées en point de croix, débats sur Internet et écoles de pensée ?

— De la même façon, quelqu'un qui n'aurait rien à voir avec la littérature pourrait s'étonner des critiques, des classements de livres les plus vendus, des guéguerres éditoriales dont vous me parlez…

— Qui sont pour moi le pain quotidien, mon monde.

— Et pendant que vous vous réfugiez dans votre univers, que fait le reste du monde ?

— … Vous savez, j'avais écrit une nouvelle, il y a quelques années. Mais je ne l'ai jamais publiée.

— Et ?

— Elle s'intitulait *Egoland.*

— *Egoland.*

— Il était question d'une ville où chacun vit dans un immeuble rouge, bleu ou vert, en tout cas d'une seule couleur, et est convaincu que c'est la seule et unique couleur possible… Bizarre, non ?

— Quoi donc ?

— C'était une nouvelle sur le danger du conformisme,

des idéologies. Moi, à l'inverse des habitants d'Egoland, je me sentais libre, ouverte et indépendante. En fait…

— En fait ?

— En fait, je crois que j'y vis, moi aussi.

— À Egoland.

— À Egoland.

— Vous savez, Chiara, nous y vivons presque tous. Si Egoland est la ville des héritages de l'enfance, des répétitions compulsives et des attachements, il est difficile de s'en défaire.

— À moins qu'Egoland n'explose, comme cela m'est arrivé l'année dernière.

— Une grande opportunité.

— Une souffrance sans précédent.

— …

— Sans précédent.

— Mais réfléchissez-y, Chiara.

— J'y réfléchis.

— Si Egoland n'avait pas explosé, vous ne vous seriez jamais rendu compte qu'en dehors d'Egoland, des gens jouent du violon. Volent. Cuisinent. Sont bénévoles à l'hôpital. À l'extérieur d'Egoland, il se passe beaucoup de choses. Il se passe toutes les choses.

— Mais il n'est pas dit que cela soit pour moi, ce qui est en dehors d'Egoland.

— Bien sûr.

— Coudre, par exemple, m'a terriblement ennuyée. Et danser le hip-hop, j'en suis totalement incapable.

— Mais ?

— Mais qu'il existe des gens qui cousent et dansent, effectivement, me paraît quelque chose de… beau. Voilà. Oui. Quelque chose de beau.

— Et il me semble beau que, tout à coup, vous preniez acte de l'existence de ces personnes.

— J'espère seulement qu'à force d'en prendre acte, je ne vais pas perdre de vue ma propre existence.

— C'est-à-dire ?

— Par exemple, cette nuit, je me suis réveillée en sursaut avec une angoisse terrible m'étreignant la gorge… J'ai peur qu'avec cette histoire des dix minutes, je me distraie des blessures de mon cœur, ces plaies qui ne se refermeront jamais, et moi, je ne veux pas devenir un des nombreux êtres humains qui parcourent le monde en propageant leurs élucubrations ratées, leur inconscience autodestructrice…

— Les obsessions ne s'offusquent pas quand on les néglige, Chiara : au contraire. Les négliger est la seule façon de s'en débarrasser.

— Et la nécessaire confrontation que nous devons avoir avec notre part d'ombre, avec nos blessures à vif ?

— Nous parlons depuis un an avec ces blessures, Chiara. Fiez-vous à ce qu'elles vous ont dit, et surtout à leurs mensonges. Aujourd'hui, nous nous trouvons dans une autre phase.

— Laquelle ?

— Ce ne serait pas une phase importante si nous savions déjà comment la définir. Mais *En dehors d'Egoland* me plaît : pour le moment nous pourrions l'appeler comme ça. Parlez-moi de votre nouveau roman maintenant. Ça avance ?

— Oui.

— Bien.

— Et puis…

— Puis ?

— J'allais presque oublier, c'est dingue.

— Quoi ?

— Je prends des leçons de conduite avec Mon Mari.

— Leçons de conduite ?

— Oui. Samedi, pendant mes dix minutes, j'ai tenté de conduire. Avec lui. Et hier, nous avons continué, nous avons fait la deuxième leçon.

— Cela semble vous amuser.

— Surtout, j'en suis ébahie. Mais à propos de confrontations nécessaires… Eh bien, ce que jusqu'à présent nous n'avions pas réussi à nous dire en nous regardant dans les yeux, nous sommes en train d'essayer de nous le dire entre une marche arrière et un créneau en épi.

— Par exemple ?

— Par exemple, Mon Mari soutient qu'il n'est pas fait pour l'intimité. Surtout avec une femme telle que j'étais devenue dans les derniers temps. Telle que je suis.

— …

— Il le dit, mais il n'y croit pas.

— Dans quel sens, Chiara ?

— Dans le sens que ce n'est pas lui qui parle.

— Et qui est-ce, pardonnez-moi ?

— La peur. La peur de la marge de mouvement qu'il nous reste quand nous trouvons le bonheur. À ce moment-là, il ne reste plus qu'à être bien, non ? Et lui n'en est pas capable.

— Soyez plus claire.

— Eh bien, c'est lui qui m'a aidée à prendre confiance en moi, qui, plus ou moins consciemment, a apprivoisé mon manque d'assurance, m'a poussée à envoyer mon premier roman à un éditeur… Et maintenant, il prétend ne pas supporter la personne que, précisément grâce à lui, je suis devenue ? C'est un paradoxe.

— Ne vous est-il pas arrivé la même chose, Chiara ?

— Moi, je l'aime.

— Demandez-vous quand même si vous aussi n'avez pas tout fait pour que votre mari devienne cette personne qui, un jour, s'est mise à refuser. Un adulte, en définitive. Aimé, bien sûr. Très aimé. Mais qui, en tant qu'adulte, vous a échappé des mains. S'est échappé. En dehors d'Egoland, c'est compliqué de reconnaître qui habitait avant dans notre immeuble d'une seule couleur.

— C'est vrai. Mais maintenant, je voudrais que ces deux adultes, au nom de leur être Primaire, comme vous l'appelez, se réconcilient. Et, en grandissant ou non, en tout cas vieillissent ensemble.

— Hélas et heureusement, pourtant, il faut être deux à vouloir être deux, Chiara.

— Et le Primaire ? À quoi sert-il alors ? Ne peut-il pas tout faire tout seul ?

— Hélas et heureusement, non.

— Hélas.

— Heureusement.

— C'est la dernière séance avant les vacances de Noël. La dernière de l'année.

— Je reviens à Rome le 2 janvier. Nous nous revoyons le 3 ?

— Parfait. Passez de merveilleuses vacances, docteur.

— Inventez d'autres merveilleuses dix minutes, Chiara.

Ce lundi aussi, Ato reste dormir. Il rentrera demain à la Cité des Enfants.

C'est lui qui m'a suggéré l'idée : hier soir, après ma deuxième leçon de conduite avec Mon Mari, j'avais juste besoin de ne pas exister, de manger des cochonneries en regardant des films sur le canapé. Ato est dingue de polars, de Zemeckis, Tim Burton et surtout de la saga *Harry Potter*. Quant à moi, c'est Bergman, Kubrick, Fellini, Tarantino et les comédies romantiques. Les dessins animés nous mettent toujours d'accord : et avec un paquet de nachos et un pot de Nutella d'un demi-kilo, nous avons vu – lui pour la troisième fois, moi pour la quatrième – *Raiponce,* le chef-d'œuvre Disney de ces dernières années, l'histoire de la princesse aux cheveux magiques, victime de sa belle-mère, qui pour profiter du pouvoir de ses cheveux la garde prisonnière dans une tour. Mais une fois par an, de cette tour, Raiponce voit danser dans la nuit à l'horizon des lanternes volantes. Et la libération commence là. De l'étonnement et de la curiosité pour ces lanternes.

— Pour l'anniversaire des dix-huit ans de ma sœur, en Érythrée, papa en avait acheté cent et, à minuit, il les a fait s'envoler, a dit Ato, quand Raiponce, enfin sortie de la tour, peut enfin participer au spectacle des lanternes au lieu d'en rêver de loin.

— Et si on essayait nous aussi, Chiara ?

Je les achète « chez le Chinois » de la rue Urbana. Un autre magasin – de mon nouveau quartier de cette ville éternelle – que je n'avais jamais vu : mais en sortant de chez moi, j'ai sonné chez Cristina de l'institut de beauté et je lui ai demandé où je pourrais bien trouver des lanternes volantes, et elle m'a répondu sans hésitation :

— Chez le Chinois de la rue Urbana. Il a tout. Si tu as besoin d'un costume de Père Noël, il l'a. D'un adaptateur ? D'un fer à repasser ? Il les a.

Et en effet, le Chinois a aussi des lanternes. Nous en prenons deux.

Sur l'emballage, il est écrit :

Les lanternes volantes sont très faciles d'utilisation, sûres et respectueuses de l'environnement. Elles permettent de créer une émotion inoubliable pour les fêtes, mariages, soirées d'entreprise ou tout événement festif. En multipliant le nombre de lanternes lâchées simultanément, vous découvrirez une expérience enchanteresse. Après un vol de dix minutes, elles peuvent atteindre jusqu'à dix mille mètres d'altitude.

Et à l'intérieur se trouve le mode d'emploi.

1. Sortir délicatement la lanterne de son emballage.

Nous les sortons, Ato la sienne, et moi la mienne. Avec délicatesse.

2. Fixer le brûleur sur la croix métallique située sur l'anneau de base.

Ato est peut-être un mauvais danseur de hip-hop mais, à l'inverse de moi, il a une habileté manuelle naturelle, il se charge de fixer les brûleurs à la base des lanternes.

3. Ouvrir la lanterne en la tenant par l'anneau de base et la déplacer dans l'air jusqu'à ce qu'elle soit suffisamment gonflée.

J'imite Ato qui fait virevolter sa lanterne, lentement, et la déplace dans l'air jusqu'à ce qu'elle soit suffisamment gonflée.

4. Allumer le brûleur puis retourner la lanterne en la tenant par les extrémités supérieures.

J'ai de nouveau besoin d'Ato : il allume d'abord la mienne, puis la sienne.

5. S'assurer que le brûleur ne touche pas le papier de la lanterne.

— Tu t'en es assuré ?
— Oui. Fais attention, toi aussi.
— Je fais attention.

6. Une fois allumé le brûleur, attendre 40-60 secondes, jusqu'à ce que la lanterne soit entièrement gonflée. Ne pas poser la lanterne sur le sol pour éviter qu'elle y reste collée à cause de la cire du brûleur.

Nous attendons. Les lanternes finissent de se gonfler. Nous ne les posons pas sur le sol. Les lanternes évitent de se coller au sol.

7. Si le papier extérieur est troué ou brûlé, la lanterne est compromise et ne peut s'envoler.

C'est parti !

8. Lâchez la lanterne uniquement quand elle pousse vers le haut et est bien gonflée. Ne surtout pas forcer le décollage en la poussant vers le haut.

Nous nous mettons à la fenêtre de la cuisine.
Et nous les laissons partir.
Sans les forcer.

9. Admirez, maintenant, l'effet magique et chorégraphique.

La lanterne d'Ato s'envole : haute, courageuse et rapide, elle s'achemine vers l'obscurité et les étoiles.

La mienne au contraire ne décolle pas et semble viser tout droit l'immeuble d'en face. Et voilà, je le savais. Tu parles d'un effet magique et chorégraphique. Ma lanterne fait comme ma vie. Elle va se fracasser.

La lanterne se rapproche de l'immeuble. Encore. Encore plus. Et ?

Arrive un coup de vent. Ou peut-être un morceau de nuage. Un oiseau. Qui l'emporte.

Loin de l'immeuble d'en face, loin du nôtre, et elle monte, elle monte et semble courir pour rattraper l'autre.

Ato me sourit.

— C'est tellement beau.

Tandis qu'elles volent, lumineuses, dans la nuit.

Et je pense à la tour de Raiponce.

À l'intérieur, sa marâtre, ses certitudes, ses peurs.

Et dehors, le monde entier.

Et je pense à Egoland.

À l'intérieur, mes certitudes, mes peurs.

Dehors ?

Pour l'instant et pendant encore dix minutes, deux lanternes.

Qui dansent, lumineuses dans la nuit.

Tandis qu'Ato sourit, et répète :

— C'est tellement beau.

– 16 –

Mardi 18 décembre
Lever du soleil 7 h 33
Coucher du soleil 16 h 41

À la caisse d'une librairie

Écrire est, tout simplement, mon unique remède à l'existence.

Il en a toujours été ainsi, depuis ma plus tendre enfance où, lorsqu'on me questionnait sur ce que je voudrais faire plus tard, je répondais : écrire des romans et vivre un grand amour.

Et pendant quelques belles années, tout portait à croire que mes deux vœux s'étaient réalisés.

Un jour, pourtant, Mon Mari est parti. Sur le moment, il m'a semblé qu'il avait emporté, en même temps que mon être tout entier, ma capacité à écrire. D'autant plus sans Ma Chronique qui m'aidait à rythmer le temps, pendant la journée, et qui me permettait de stopper les démons de ma tête et de mon cœur et de les cantonner, précisément, dans les romans.

Tout à coup, ces démons, libérés de leur muselière,

ont tout envahi. Mes rêves, mes pensées, mes jambes, mes bras, le café.

— Je n'écrirai plus jamais, plus jamais, répétai-je à Gianpietro tous les matins, cet été, quand il m'a traînée avec lui jusqu'à Formentera.

Puis est arrivé ce matin-là. Où mystérieusement, j'ai senti que ça ne faisait plus aussi mal là où ça faisait mal. Ou peut-être m'étais-je habituée à cette douleur. Et d'une façon ou d'une autre, en somme, je pouvais aller de l'avant.

Peut-être étais-je même déjà en train de le faire.

Le jour suivant, dans la véranda de la maison de Formentera, j'ai essayé d'allumer à nouveau mon ordinateur : l'idée de deux femmes qui espionnent les courses que fait l'autre au supermarché et projettent sur leurs caddies leur propre insatisfaction me trottait dans la tête avant même le séisme. J'ai essayé de me remettre à l'écoute. L'idée trottinait, timidement, au début, trottait doucement. Mais j'écrivais quand même. Rien que pour faire quelque chose. Pour faire cette chose. La seule capable de me mettre dans la condition de pouvoir dire « je », en me référant à moi-même. La seule capable de me restituer ce « je ». Même lacéré et étourdi comme il était, comme il est.

C'est aussi grâce au jour du vernis fuchsia et à l'inspiration que m'a offerte Cristina de l'institut de beauté avec l'image du « sous vide » que, bien que je n'aie plus de vie, j'ai au moins un nouveau roman.

Ce sera peut-être très mauvais, mais au moins je le sens pendant que je l'écris.

Et pour le moment, cela me suffit.

Il y a quelques jours, j'ai envoyé la première moitié à Giulia, mon éditrice, qui m'a appelée aujourd'hui pour commencer à réfléchir à un titre.

— Tu es sûre de vouloir l'appeler *Quatre cents grammes d'amour, merci* ?

— Oui. C'est exactement le sujet, non ? Les deux protagonistes implorent, chacune à sa manière, un peu d'amour. Pas tant que ça, juste un peu. Même pas un demi-kilo. Et elles sont même disposées à remercier qui le leur donnerait.

— Bien sûr, bien sûr. Et puis, il y a la métaphore du supermarché, qui se présente d'emblée. Écoute, moi, je l'aime bien ce titre, Chiara. Mais je me demande s'il ne va pas créer d'équivoque, et faire penser qu'il s'agit d'un roman à l'eau de rose…

— Mmm. Tu crois ?

— Hélas, nous sommes en Italie. C'est un pays provincial. Je te propose juste d'y réfléchir.

— Mais toi, tu le ressens le désespoir fou et définitif qu'il y a dans un tel titre ?

— Moi, oui, aussi parce que j'ai lu la première moitié du livre… Mais certains critiques pourraient le snober sans même l'ouvrir. Que ce soit clair, si j'étais à ta place, je m'en moquerais, mais je veux te mettre en garde. Il y a aussi les lecteurs…

— Tu crois que mes lecteurs aussi pourraient être repoussés par ce titre ?

— C'est possible.

— …

— Chiara ?

— Oui, oui. Je réfléchis. Et si je l'appelais *Sous vide* ?

— *Sous vide* ?

— Qu'est-ce que tu en dis ?

— C'est pas mal, mais…

— Mais comme titre, ça manque un peu d'épaisseur.

— C'est vrai.

— Tandis que *Quatre cents grammes d'amour, merci* a de la personnalité, mais risque d'être mal compris.

— Comme tout ce qui a de la personnalité.

— C'est ça.

— Réfléchissons-y. Préfères-tu un titre risqué mais qui sera certainement remarqué, ou un titre qui fait peu de bruit, mais te met à l'abri des quiproquos ? C'est toute la question.

— C'est ça.

— Et souviens-toi que, en tout cas, les seuls à ne pas décevoir sont tes lecteurs. Pense à eux quand tu cherches ton titre.

— OK.

— Ciao.

Je m'allonge sur mon lit.

Existent-ils vraiment, « les lecteurs » ?

Je me pose souvent la question, je me la pose actuellement.

Et si oui, qui sont-ils ?

Cherchent-ils, dans un livre, une personnalité ?

La craignent-ils ?

Réellement, qui sommes-nous ? Je m'inclus, naturellement : qu'est-ce que je cherche dans un livre ? Qu'est-ce que je n'accepte pas ? Qu'ai-je en commun avec tous les passionnés comme moi de Philip Roth ? Dans quelle mesure fais-je partie de l'armée de « ses lecteurs » ? Qu'ai-je de commun avec eux, et que n'ai-je pas en commun, à l'inverse, avec les lecteurs d'Asimov par qui je n'ai jamais été complètement conquise ? Je pense au lecteur d'Asimov le plus fidèle que je connaisse et à celui qui m'a transmis son amour pour le vieux Philip. Auquel est-ce que je ressemble le plus ? Aux deux. À aucun.

Je me lève, j'enfile mon manteau sur mon pyjama que depuis ce matin, hélas, je porte sans trouver de motif valable pour l'enlever, et je me dirige vers la librairie Ibs, la plus grande du quartier, au début de la rue Nazionale.

À la caisse se trouve un homme d'une cinquantaine d'années, aux yeux clairs, un sourire ouvert et mélancolique à la fois. Au badge qu'il porte sur sa chemise, j'apprends qu'il se prénomme Giuseppe. Je m'approche de lui.

— Excusez-moi, Giuseppe.

— Oui ?

— Cela vous dérangerait-il si je me mettais à la caisse à côté de vous, sans dire un mot, pendant dix minutes ?

— Pardon ?

Je lui explique rapidement l'histoire des dix minutes et le souhait que j'ai, aujourd'hui, de les passer à la caisse d'une librairie.

Pour voir si les lecteurs existent.

Et, s'ils existent, pour essayer de comprendre finalement qui ils sont.

Giuseppe est trop affairé pour poser des questions, et entre-temps, une file plutôt longue s'est formée.

Il me fait signe de me placer à côté de lui et il reprend son travail.

Je découvre qu'en dix minutes, à une semaine de Noël, à quatre heures de l'après-midi, dans une des librairies les plus grandes et les plus centrales de Rome, les gens achètent :

L'autobiographie de Carlo Verdone
Journal d'un corps de Daniel Pennac
Fais de beaux rêves de Massimo Gramellini
Au regard du regard de John Berger
50 nuances du plaisir de Marisa Bennett
L'Hiver du monde de Ken Follett
Le Tao de la physique de Fritjof Capra
Novecento : pianiste d'Alessandro Baricco
Le Jardin secret de Frances H. Burnett
Cosmopolis de Don DeLillo
50 nuances du plaisir de Marisa Bennett
Le nouveau dictionnaire italien Zingarelli
Open d'André Agassi
L'Enfer déchaîné : le monde en guerre 1939-1945 de Max Hastings
Histoire du chat et de la souris qui devinrent amis de Luis Sepúlveda

Qui sont, donc, « les lecteurs » ?

Ce sont sans aucun doute des personnes très différentes les unes des autres.

Même les deux seules qui, au cours de ces dix minutes, ont acheté le même livre, n'ont pas grand-chose à voir l'une avec l'autre : l'une était une jeune fille de vingt ans, queue-de-cheval haute, jeans serré, une boucle d'oreille en forme de crâne et l'autre en forme d'arête de poisson. L'autre était une femme de soixante ans, bardée d'un tailleur sévère de tissu beige.

Nous sommes différents, donc. Très différents les uns des autres. Nous lisons par ennui, par curiosité, pour nous échapper de la vie que nous menons, pour la regarder en face, pour savoir, pour oublier, pour apprivoiser nos démons et les libérer.

Nous ne nous ressemblons absolument pas, même si nous tenons en main, aimons, détestons et offrirons pour Noël à ceux qui nous sont les plus chers, le même livre.

Nous ne nous ressemblons en rien.

Fatalement, c'est bien pour cela que, oui, il n'y a aucun doute. Nous existons.

Et c'est peut-être cela que veut dire mon éditrice, quand elle me suggère de penser aux lecteurs.

C'est une façon de me dire : choisis le titre toi-même, et point barre, choisis, toi, chaque mot de ton nouveau roman pour qu'il ne ressemble qu'à lui-même.

Comme nous tous à la queue leu leu à la caisse. Semblables seulement à nous-mêmes, avec l'espoir de confier notre vie à une autre histoire. Pour la perdre, pour la retrouver.

Afin de remédier, en quelque sorte, à l'existence.

– 17 –

Mercredi 19 décembre
Lever du soleil 7 h 33
Coucher du soleil 16 h 41

Des graines de laitue et de piment

— Ma chérie, alors, tu vas à la poissonnerie et tu commandes un assortiment de fruits de mer pour six, une dorade d'un kilo et de…

La voix de Gianpietro est stridente et résonne dans le répondeur. Je roule dans mon lit, qui à chaque réveil me semble trop grand, alors qu'en réalité c'est moi qui suis trop seule, je tends le bras vers la commode et décroche le combiné.

— Quelle heure est-il ?

— Sept heures. Je pensais que tu étais déjà debout.

— En fait, je n'ai pas encore bu de café, et toi tu me parles de poisson.

— Écoute, mon cœur, mets-y un peu du tien, s'il te plaît. Est-ce que nous voulons, oui ou non, un dîner parfait pour notre réveillon de Noël ?

À Vicarello, c'est ma mère qui s'occupait du dîner de Noël. Vers sept heures, elle traversait le jardin potager qui séparait les deux maisons et nous apportait un plat de boulettes et de lasagnes, des légumes du jardin bouillis et grillés.

Même Mon Mari, nul pour tout ce qui touche au potager, a toujours été plutôt doué en cuisine, et les quelques mois que nous avons vécus ensemble dans cette maison, dans ce quartier, à faire les courses et à inventer quelque chose pour dîner, c'est lui qui s'en est occupé.

Bon. J'ai beau avoir appris à faire des pancakes et le tiramisù, je n'ai aucune idée d'où on peut trouver une poissonnerie dans le coin.

Comme d'habitude, je pose la question à Cristina, de l'institut de beauté.

— Il y en a deux, me répond-elle, mais la meilleure est celle qui est tout au bout de ta rue. Parcours-la entièrement et tu tomberas dessus.

Contrairement à la Maison de la Couture, quand je tombe sur la poissonnerie, je réalise que oui, bien sûr, je suis passée devant plusieurs fois. Une partie de mon cerveau savait parfaitement où elle se trouvait : il est évident que les lieux, comme les personnes, s'animent et se révèlent à nous, seulement quand nous sommes capables de les percevoir. Quand nous avons besoin d'eux.

La poissonnerie est tenue par une famille : celui qui sert est un jeune homme d'une trentaine d'années qui a volé sa carrure à l'homme à la caisse et son visage à la dame perchée sur un tabouret à l'entrée, occupée à délivrer des recettes.

— Si vous voulez une entrée qui change un peu, vous prenez du carpaccio d'bar et du carpaccio d'saumon, enroulés comme des roses, explique-t-elle à trois clients qui l'écoutent comme un gourou. 'Suite, z'ajoutez deux mandarines, d'la salade mixte, cent grammes de raisin rosé et c'est parfait. Mais si vous mettez par-dessus l'tout un peu d'piment, c'est encore mieux. C'est t'jours mieux, quand y a du piment.

Une fille qui doit avoir mon âge, mais le maintien de qui sait parfaitement se comporter dans une poissonnerie, arrive à cet instant et demande à la dame de répéter depuis le début. Elle recommence. La jeune femme prend des notes.

Gianpietro avait raison : ils sont tous là pour le réveillon.

— Vous avez de la chance, me lance l'homme à la caisse quand je lui laisse un acompte pour mon plateau de fruits de mer et ma dorade. Nous prenons aujourd'hui les dernières commandes pour le 24.

— Déjà ?

— Et quoi, vous croyez qu'Noël n'attend qu'vous, m'sieurs-dames ? intervient sa femme depuis son perchoir. Çui-là, n'a de respect pour personne.

Je me dirige de nouveau vers chez moi.

Je pense aux dîners que Mon Mari improvisait. Aux légumes grillés de ma mère. À toutes les choses que d'autres font pour nous, à notre place. Faut-il leur en être reconnaissant ? Bien sûr. Même si, tout en nous soulageant d'un poids, ils nous ôtent la possibilité de faire des expériences. Est-ce leur faute ? Parfois. La nôtre ? Toujours.

Je pense à Noël, *qu'a de respect pour personne*.

Et en pensant et en marchant, en marchant et en pensant, le voici, un fleuriste.

Comme pour la poissonnerie, une partie de mon cerveau a toujours su qu'il se trouvait là, dans ma rue. Mais comme pour la poissonnerie, j'ai l'impression qu'il aurait très bien pu avoir été construit dans la nuit et ouvert à l'instant. Maintenant que j'en ai besoin.

J'entre et j'explique à la propriétaire, une sorte de Viking imposante dotée d'une paire de lunettes papillon minuscules :

— Je voudrais essayer de planter.

— Planter quoi ?

— Ben, du piment ? dis-je, conditionnée par la dame de la poissonnerie : *c'est t'jours mieux quand y a du piment*.

— Le piment se plante en mars, déclame la Viking.

— Ah, dis-je.

Mais intérieurement, je pense : et si ce n'était qu'une opinion ?

Habituée comme je le suis au relatif, travaillant avec les mots, je me fie assez peu aux vérités péremptoires. Surtout quand elles ont à voir avec des effets naturellement reliés à des causes. Je le dois sans doute au maire de Vicarello qui, lorsqu'il nous a mariés, Mon Mari et moi, nous a unis « jusqu'à ce que la mort nous sépare ». Péremptoire. En fait, c'est la vie qui nous a séparés. Alors je réponds à la fleuriste :

— Ça ira, je prends quand même des graines de piment.

— Et si vous essayiez avec de la laitue ? insiste-t-elle. C'est idéal, à cette période.

Écoutez : j'ai dix minutes à consacrer à quelque chose de nouveau, et comme aujourd'hui, tout à coup, j'ai cette question qui me démange, là – mais les autres, quand ils font quelque chose pour nous, ils nous donnent ou ils nous ôtent en réalité une opportunité ? –, je voudrais m'essayer à travailler la terre. Justement moi, qui suis née et ai grandi devant un potager. Mais que mes parents ont toujours entretenu pour moi. Voilà ce que je voudrais lui répondre.

Mais ne sort que :

— OK. Donnez-moi un sachet de graines de piment et un de laitue, alors.

— Parfait.

— Et un sac de terre.

— Vous avez des pots ?

— Non.

— En voilà. Placez-les dans un endroit abrité. Ni trop chaud, ni trop froid. La terre doit toujours être humide, surtout.

— Oui.

— Pour le piment, vous devrez quand même attendre la fin du mois de février.

— Je vais voir.

— Vous verrez.

C'est excitant. Oui. Plonger les mains dans un sac de terre et remplir deux pots, c'est excitant. Rien à voir avec YouPorn. Des frissons inattendus me parcourent le dos. Ça faisait plus d'un an que j'avais oublié que j'avais un corps.

Ainsi il se peut que j'en aie encore un.

Qui sait si ma mère et mon père éprouvent la même chose quand ils travaillent au potager : ce plaisir enfantin, sauvage, cette envie d'enfoncer aussi les jambes, le visage, tout, dans la terre fraîche. Jusqu'à s'oublier soi-même et se souvenir d'un autre soi. Plus dangereux, plus profond. Fou, éternel et tout nouveau.

Si c'est bien ce qu'ils ressentent, cela expliquerait beaucoup de choses, pourquoi ils ne m'ont jamais poussée à le faire à leur place.

Quand ils font quelque chose pour nous, les autres nous offrent ou en réalité nous enlèvent une opportunité ?

Qui sait. Nous ne le savons pas nous-mêmes, lorsque nous confions quelque chose aux autres. Les autres ne le savent pas, lorsqu'ils font quelque chose pour nous.

Je plonge encore les mains dans le sac. Encore. Encore.

Je sème la laitue.

Je plonge les mains dans le sac.

Je sème le piment.

Je plonge les mains dans le sac. Je recouvre les graines avec plus de terre, comme le conseille le mode d'emploi sur les sachets. J'humidifie la terre, comme l'a dit la fleuriste. Et je place les deux pots sur une étagère dans la cuisine. Où le soleil ne passe pas. Mais où il ne fait jamais vraiment froid.

— Pas vrai que tu vas pousser ? peut-on m'entendre murmurer au pot contenant les graines de piment. Tu vas y arriver, hein ?

Et je plonge les mains dans le sac. Encore. Encore.

– 18 –

Jeudi 20 décembre
Lever du soleil 7 h 34
Coucher du soleil 16 h 42
Premier quartier de lune 6 h 20

Une couche

Errico Buonanno a fait plusieurs choses originales et précieuses : des livres comme *Petite sérénade nocturne, Est-ce vrai ?* ou *Le Syndrome de Néron*, ainsi que deux enfants.

Le premier, Peppino, a un an et un mois, et je suis sa marraine. Le deuxième, Carletto, est né il y a deux semaines.

Errico et Claudia, comme Mon Mari et moi, sont ensemble depuis leur année de terminale.

Mais eux, ils résistent.

Nous, nous faisons des leçons de conduite.

Je n'avais pas encore rencontré Carletto, le voici : innocent, ne connaissant pas la peur, nouveau-né dans les bras de sa mère.

Claudia a les cheveux très courts, toujours la même

salopette en jean, les mêmes baskets défoncées, des milliers de taches de rousseur et jamais un brin de maquillage : on dirait une petite fille. Et pourtant, elle est une ophtalmologiste de renom. C'est une femme qui fait des allers et retours à Miami pour des congrès internationaux. Une femme qui, un été, a soudainement décidé de partir en Ouganda avec Médecins sans frontières. Une femme qui, il y a trois semaines, a accouché pour la deuxième fois. Et qui face à moi sourit, prête à mettre ses enfants à disposition de mes dix minutes.

— Tu veux changer la couche de Peppino ou de Carletto ? me demande-t-elle.

— Y a-t-il une différence ?

— Une différence énorme, répond Errico. Carletto a encore le cordon ombilical attaché, il faut y faire attention, bien le nettoyer. Son caca est vert, liquide et sent les tripes à la romaine.

— Le caca de Peppino en revanche est comme le nôtre, coupe court Claudia. Mais en dix minutes, si je te guide, tu peux les changer tous les deux.

Nous commençons par Peppino.

Je suis certainement partiale puisqu'il est mon seul filleul et que j'adore ses parents, mais je trouve que c'est vraiment un enfant exceptionnel. Absolument certain d'être aimé, curieux, facétieux, un peu fou.

Maintenant, par exemple, il m'étudie comme si c'étaient ses dix minutes à lui, et que c'était lui qui faisait une expérience. Par chance, il aime les expériences. Et, allongé sur la table à langer, il remue les jambes avec amusement.

— Enlève-lui son pantalon, me guide Claudia. Bien, ensuite tu déboutonnes le body et tu ouvres la couche.

Effectivement, le caca d'un enfant d'un an est semblable au nôtre. En bien et en mal, pour ainsi dire.

— Maintenant, tu attrapes les jambes d'une seule main, tu les soulèves et tu retires la couche sale.

Peppino est de mon côté et rend tout naturel.

— Où jette-t-on les couches sales ?

Je me rends compte que c'est une des nombreuses questions que je ne m'étais jamais posées avant – miracle de ces dix minutes quotidiennes.

— Dans certaines villes, il y a un bac approprié, m'explique Errico. Mais ici, on les met avec les ordures ménagères. Et pour le moment, dans un sac plastique que nous laissons sur le balcon.

Je continue. Je nettoie Peppino avec des lingettes humides, lui passe une crème hydratante, je le soulève à nouveau en le tenant par les jambes, fais glisser la couche propre sous les fesses et la referme.

Errico a chronométré la durée des opérations : six minutes. Je passe à Carletto. Les gestes sont les mêmes, mais il y a le cordon ombilical à nettoyer. Claudia me montre comment enlever la gaze, imbiber de sérum une nouvelle bande et l'enrouler autour du cordon.

Je mets sept minutes.

— Comment me suis-je débrouillée ?

— Comme une chef, assurent Errico et Claudia.

Hélas, Peppino et Carletto ne peuvent donner leur avis : j'ai toujours la sensation que les enfants avec moi se sentent à l'aise, mais pas parce qu'ils se sentent protégés. Parce qu'ils sentent l'ivresse de devoir se protéger tout seuls. Comme entre personnes du même âge, en somme.

Claudia prépare un thé, je m'affale sur le canapé avec Carletto sur le ventre, Errico et Peppino jouent avec une vache et un cochon en caoutchouc que j'ai apportés, en avance sur les cadeaux de Noël.

— Je me demande pourquoi pendant toutes ces années, je ne vous ai jamais interviewés pour Ma Chronique.

— Parce que nous sommes super normaux, répond Claudia.

— Justement.

Dans « Les déjeuners du dimanche », j'ai accueilli tous les modèles familiaux. Pendant un an, le journal m'avait même autorisée à aller à l'étranger, et j'ai déjeuné avec des fondamentalistes mormons, dans le harem d'un cheikh, dans un orphelinat à Yushu, au Tibet.

Tout à coup, je me demande si, à force de me confronter avec les infinies variations du vivre-ensemble, je n'ai pas perdu de vue les fondamentaux qui rendent les familles toutes semblables.

Par exemple, se tolérer mutuellement.

Se résigner à l'odeur des cacas de chacun.

Tenir pour évident que les autres sont notre grande opportunité, bien sûr, mais ils sont aussi notre plus grande source d'ennuis, notre désespoir, une terrible prise de tête.

« Je me suis enfui parce que tu étais devenue insupportable, Mister Magoo. »

Il me le répète à chaque leçon de conduite, Mon Mari. Même hier, tandis que je faisais de mon mieux pour rétrograder sans malmener la boîte de vitesses.

« Insupportable, tu étais devenue insupportable. »

Comme si ce n'était pas le droit absolu de Carletto de faire des cacas verts qui sentent les tripes, ou de Peppino de jouer avec la vache ou le cochon justement au moment où Errico voudrait être peinard sur le canapé à boire son thé, ou celui d'Errico d'avoir envie d'égorger la vache et le cochon, comme si ce n'était pas le droit absolu de chacun, de temps en temps, d'être pénible. Puant. Bavard. Mutique. Un peu con. Insupportable.

— Peut-être que Mon Mari et moi ne nous y attendions pas, je pense à voix haute.

— À quoi ? me demande Claudia.

— À ce que l'autre existe indépendamment de nous. Qu'il ne soit pas là exclusivement à notre disposition.

— Et toi, tu serais prête, maintenant, à le prendre en compte ? demande Errico pendant que Peppino, déjà lassé de la vache et du cochon, insiste pour glisser ses mains à l'intérieur de la théière.

— S'il l'était aussi, oui. Je serais prête. Mais je crains qu'il ne soit pas de mon avis.

— L'un des deux doit faire le premier pas, dit Claudia, mais sans vouloir exprimer un quelconque jugement, elle le dit avec douceur, comme un oracle.

— Je suis trop blessée par son abandon pour aller vers lui, dois-je admettre.

— Alors essaie de voir s'il peut le faire, lui, reprend Claudia, encore avec douceur. Mais au moins, mets-le dans les conditions de pouvoir essayer.

— J'aimerais bien. Mais à l'évidence, je n'y arrive pas.

— Tu sais, Peppino, les premiers mois, dès qu'on le laissait là, dans sa chambre et dans son lit, pendant que nous étions dans le salon, il se mettait à pleurer comme un désespéré.

— Et vous ?

— Nous avions les oreilles et le cœur en mille morceaux, mais nous le laissions pleurer. C'était la seule façon pour qu'il apprenne à dormir sans que nous soyons dans la même pièce que lui.

— Et il a appris ?

Et tout à coup arrive l'ophtalmo, le médecin. Le diagnostic. Le bon remède, l'unique possible.

— Oui. C'est difficile de ne pas être à la disposition de ceux que nous aimons, Chiara. Mais parfois il le faut. Cette disponibilité infinie ne nous aide pas et ne les aide pas.

Je sors de chez Errico et Claudia et me dirige vers le métro. Dans une demi-heure, j'aurai une nouvelle leçon de conduite avec Mon Mari.

Il faudrait que je prenne la ligne A pour rejoindre le garage de son collègue.

Je prends la ligne B, je rentre à la maison.

Mon Mari commence à m'appeler cinq minutes après l'heure de notre rendez-vous : je ne suis jamais en retard, surtout quand il s'agit de lui. Et il le sait.

Je ne lui réponds pas.

J'arrive chez moi, j'arrose le piment, la laitue.

Je mets sur mes ongles le vernis rouge que j'ai acheté chez Cristina cet après-midi.

Il ne me plaît pas, je l'enlève, j'en essaie un bleu. Il me plaît.

Mon Mari continue à m'appeler.

Je mets mon téléphone sur le mode silencieux, je décroche le téléphone de la maison.

Je me prépare une crêpe au jambon, la procédure est plus ou moins la même que pour les pancakes.

Je mange et j'essaie de dormir.

– 19 –

Vendredi 21 décembre
Solstice d'hiver
Lever du soleil 7 h 34
Coucher du soleil 16 h 42

Je ne sais pas qui tu es : je t'aime

Et si les Mayas avaient raison ? Et si aujourd'hui était vraiment *ce* jour, si c'était bien le 21 décembre 2012 que... ?

Quelle est la chose que je n'ai jamais faite et que je voudrais faire en dernier ?

Je ne sais pas. Parce que, en fait, je voudrais en faire une que j'ai déjà faite, voilà la vérité, me dis-je tout en courant sur le tapis roulant, dans la salle de gym. Dans le brouhaha des trop, trop nombreux mots échangés entre Mon Mari et moi, et encore plus après l'après-midi d'hier chez mes amis Buonanno, je voudrais revenir au temps où il n'y avait que ces trois mots-là. Simples. Qui suffisaient à tous les autres.

J'aimerais que quelqu'un, si lui ne peut plus les dire, me les dise.

J'aimerais les dire à quelqu'un, si je ne peux les lui dire.

Du coup j'arrête le tapis roulant. Je vais au vestiaire et prends mon téléphone. Je rédige un message : JE T'AIME. Ensuite, je retourne dans la salle des tapis roulants et des vélos d'appartement, je m'approche d'un type qui pédale avec la fougue de qui veut échapper à la fin du monde.

— Excusez-moi…

Il s'arrête, se retourne : c'est le Chinois ! Le propriétaire du magasin où j'ai acheté les lanternes magiques. Je n'imaginais pas qu'il soit lui aussi un adepte de cette salle de gym. Il avait été très courtois avec moi, l'autre jour. Mais à l'instant, il est à l'évidence très agacé d'avoir dû interrompre son entraînement. Je souris. Lui non.

Je lui tends mon portable.

— Pourriez-vous choisir un nom au hasard dans mon carnet d'adresses et envoyer le message que je viens de rédiger ?

Il continue à me regarder droit dans les yeux avec une vague hostilité, et ne bouge pas.

— C'est une sorte de roulette russe… Vous savez, je suis en train de faire une expérience inspirée par Steiner, c'est un peu long à expliquer, le fait est que je dois faire chaque jour quelque chose de nouveau pendant dix minutes et aujourd'hui, comme il se peut que ce soit la fin du monde, je voudrais dire « je t'aime » à quelqu'un, au hasard, et voir l'effet que…

Le Chinois attrape mon téléphone, fait défiler rapidement les contacts, choisit un nom, envoie le message. Il me redonne le téléphone et se remet à pédaler. Toujours en silence.

Je le remercie et je retourne au vestiaire : maintenant il s'agit de rester pendant dix minutes en tête à tête avec l'effet de cette roulette russe en forme de message.

À qui a bien pu être envoyé mon « Je t'aime » ? À mon éditeur ? Au directeur du journal qui m'a licenciée ? Au responsable d'Ato ? À cette fameuse personne qui… ? À cette autre-là ?

À Mon Mari ?

Je suis nerveuse, fébrile.

Sept minutes passent, puis enfin, l'attendu *bip bip*.

Le message a été envoyé à Mattia, un de mes amis de Lecce qui est un homme profond et délicat. Je l'ai connu lors de la présentation d'un de mes romans, il y a des années. Il est venu à moi pour une dédicace et nous avons commencé à parler de parents, d'enfants. De tout ce qui me tient à cœur en somme. Et à lui aussi.

TOUT VA BIEN, MA CHIARA ? me répond-il.

Je dois attendre encore trois minutes pour l'appeler et lui expliquer la situation.

J'attends.

Une.

Deux.

Trois.

Je l'appelle et clarifie les choses.

Mais je ne peux nier que si le monde finissait aujourd'hui, j'aurais dit « je t'aime » et que je me serais vu répondre : « Tout va bien ? »

Comme si ce n'était pas normal de dire « je t'aime », comme si je n'étais pas normale, moi, en le disant.

Comme si cela ne m'était plus permis.

Et ?

Je commence à pleurer. Doucement. Puis fort. Dans le vestiaire de la salle de gym.

Et ?

J'écris un nouveau message.

Cette fois-ci, je l'envoie à tous les contacts de mon carnet d'adresses. Sauf au directeur qui m'a licenciée et quelques autres. Sauf à Mon Mari. Je l'envoie à mes ex-colocataires : à Carlo qui vit aujourd'hui à Bruxelles, à Alessandra qui vit à Turin, à Vincenzo le cuisinier, à Igor le comédien. Et puis, encore et encore. À Rodrigo, à Manuel, à Roberto. À Michele, que j'ai rencontré quand mon ami Rocco est mort dans le plus stupide des accidents de la route, parce que Michele aimait Rocco et que moi aussi. Aux cousins de Rocco, Ivan et Tatiana. À mes cousines, Michelle et Carolina. À Elisa18, à sa sœur, à ses parents, à sa tante, à son oncle, à Francesco son fiancé, qui tient un restaurant à Florence. À Gioia que j'ai croisée aux puces. À Errico et Claudia. Aux personnes qui, lorsque ma vie n'avait plus de sens, continuaient à lui en donner : à Giada, Francesca, Annalisa, Nolan, Annalena, Laura, Luz, Alessandro, Walter. À Francesco et son Anna. À Roberta et Claudio. À Daniela, Roberto, à Davide et Alessandro. À Fabiano et à Maria Chiara. À Erica et à Marco. À Eugenio et à Claudio. À Rachele et à Serena, les Ebernies. Et d'autres encore. À Alberta, même si elle vit en Afrique, mais qui sait, elle pourrait faire une folie et décider, au dernier moment, de prendre un avion. À Anastasia, Antonella, Antonio. À Carlo C., Chiara, Clara. À Eleonora, Elettra, Enrica, Federica, Fulvio, Irene. À Lorenzo, à Loula, à Luciano, à Luisa. À Luca et à Guido, qui sont des supporters de l'équipe de foot de Rome comme moi. À Niccolò,

Nicola, Nicole. À Paolo, Patrizia, Patrizio. À Roberta, à Roberto. À mes camarades de lycée : à Emiliano, Valerio, Davide, à Filippo, à Gaia, ma voisine de classe au collège qui m'a expliqué comment on embrasse avec la langue. À mon frère, à l'ex-copine de mon frère, à ses camarades d'université. À Daniela, la propriétaire de la maison de Formentera où je suis allée avec Gianpietro, cet été. Aux Torpedoni qui vivent dans le mini-van jaune, au multidivorcé qui vit sur YouPorn, à tous les personnages de Ma Chronique « Les déjeuners du dimanche ». À mes voisins de Vicarello, au marchand de journaux, au barman, à sa fiancée. Au tapissier, à sa femme, à leur fille Ilaria. À Claudia, qui emmène Laika se promener. À Silvestro, Silvia, Sylvie, Susanna. À Giorgina, Giulia, Giuliano. À Maddalena, Marco, Mario. Au service de presse de ma maison d'édition, à mon éditrice, aux correcteurs de copie. Au responsable de la Cité des Enfants, aux éducateurs. À Cristina et Tiziana de l'institut de beauté. À Valentina, à Vanella, à Wanda. À Giorgio.

LE 25 DÉCEMBRE, APRÈS LE DÉJEUNER ET JUSQU'À QUAND TU VEUX, JE T'ATTENDS CHEZ MOI. ALLEZ ON VA FÊTER NOËL ENSEMBLE.

Ce message part pour le monde entier.

On va fêter Noël ensemble, allez.

S'il vous plaît.

Ne me laissez pas seule.

– 20 –

Samedi 22 décembre
Lever du soleil 7 h 35
Coucher du soleil 16 h 43

Couper les cheveux

Les vacances de Noël commencent aujourd'hui pour Ato.

En accord avec les responsables de la Cité des Enfants, il les passera chez moi.

Il me semble que c'est le jour idéal pour faire une chose que je reporte depuis trop longtemps, et pour que ce soit moi qui la fasse.

— Pas trop court, je t'en supplie, m'implore-t-il.

— Ne t'inquiète pas. On dirait un hérisson. Fais-moi confiance, dis-je pour le rassurer.

Je le fais s'asseoir, place une serviette sur ses épaules et je coupe la pointe d'une boucle. Une autre. Il en a tellement, de cheveux, très longs, emmêlés et fous, Ato.

J'œuvre aux ciseaux pendant dix minutes.

Jusqu'à ce qu'un tapis de boucles noires se répande sur le sol de la cuisine.

— C'est fini !

Mais avant même de me laisser admirer mon chef-d'œuvre, il saute sur ses pieds et se précipite à la salle de bains pour se regarder dans le miroir. Il revient à la cuisine l'air désolé.

— Qu'y a-t-il ?

— J'ai l'air idiot de Dudley, le cousin de Harry Potter.

Sa voix, chevrotante, montre qu'il se force à ne pas pleurer, malgré son envie.

— Un Dudley noir. Voilà ce que je suis. Je suis trop moche.

— Je ne vois pas qui est ce Dudley, mais tu n'es pas moche du tout. Regarde-toi bien, tu es hyper beau.

C'est vrai : j'ai peut-être un peu forcé, et surtout sur les côtés, il est presque rasé. Mais il a l'air plus âgé. Plus fier. Encore plus rare.

— Bon, c'est comme ça. Mais moi, je n'aime pas les changements. Tu vois ce que je veux dire, Chiara ?

– 21 –

Dimanche 23 décembre
4e dimanche de l'Avent
Lever du soleil 7 h 36
Coucher du soleil 16 h 44

Les voix dans les discussions des autres

Quand je me réveille, je trouve Rodrigo dans la cuisine, occupé à trafiquer un casque et un objet bizarre. Il est arrivé dans la nuit, après un concert à Viterbe, je lui avais laissé les clés sous le paillasson et nous ne nous étions pas encore vus.

— Déjà debout ?

— Je m'apprêtais à aller me coucher.

— Ah.

— Mais ce micro me rend fou.

Il me le montre : c'est un micro directionnel professionnel, capable de capter toute conversation dans un rayon de deux cents mètres.

— Il est à un ami qui est preneur de son, il me l'a prêté jusqu'à ce soir. Il s'en sert pour faire un tapis sonore dans un clip expérimental, mais d'habitude, ce sont les détectives privés qui s'en servent. Tu comprends ? Tu es dans un restaurant, et tu peux écouter tout ce que disent les gens aux autres tables. Même s'ils parlent à voix basse.

— Rodrigo ?

— Oui.

— Toi, tu vas te coucher maintenant ?

— Oui.

— Est-ce que je peux t'emprunter le micro directionnel ? C'est juste pour dix minutes.

Rodrigo va dormir et je sors, le micro dans mon sac, le casque sur les oreilles.

Je vais et viens dans le quartier. Ce quartier honni.

Dans lequel pourtant, malgré moi et malgré lui, je suis en train de trouver des repères.

Je m'en aperçois seulement maintenant, en passant devant la poissonnerie. Que je reconnais. Je passe devant le fleuriste. La Viking à l'intérieur est en train de placer des étoiles de Noël sur le comptoir. Je la reconnais, elle, je reconnais son comptoir. Je passe devant la Maison de la Couture, devant le magasin du Chinois. Je la reconnais, je le reconnais.

Le désir naît de ce que nous observons tous les jours, murmure Hannibal Lecter à Clarice Starling dans *Le Silence des agneaux*, pour lui faire comprendre qu'elle ne doit pas chercher trop loin : l'assassin est le voisin des victimes.

C'est ça ? Si je continue à observer ce quartier, à avoir affaire à ses fleuristes, ses poissonneries, ses puces, je finirai par désirer habiter ici, ou tout au moins accepter de le faire ?

Et si cela se produit, est-ce que ce sera une victoire ou un échec ? Une victoire, sans aucun doute, dirait ma psy. « Souffre qui change, même si c'est pour le mieux. » Qui est-ce qui disait ça, déjà ? Hannibal Lecter ? Non. Je crois que c'est Pier Paolo Pasolini. Et, à sa façon, Ato l'a dit lui aussi, hier, après que je lui ai coupé les cheveux.

Je continue ma promenade et, pour couper court à mes pensées, j'ouvre le micro.

L'effet est immédiat : en un instant, je suis partout. Ou plutôt, tout est dans mes oreilles. La chanson de Patty Pravo que la Viking est en train de siffloter en rangeant sa boutique. Les bavardages des clients qui attendent leur tour à la poissonnerie. Ceux des gens assis en terrasse sur la petite place du quartier, où je m'installe moi aussi, et commande un cappuccino. Je dirige le micro d'une table à une autre. Et je reste à l'écoute. Les yeux fermés.

— Où est l'arrêt du bus qui amène directement à la nouvelle Foire de Rome ?

— Dans la rue Nazionale, je crois.

— Non, dans la rue Cavour.

— Qu'est-ce que tu offres à Paolo pour Noël ?

— Un sweat-shirt Timberland.

— Ah, je viens juste d'acheter des chaussures de trekking hier chez Timberland.

— Tu as vu la tempête sur Twitter après le passage de Berlusconi dans l'émission de D'Urso ?

— Selvaggia a écrit : COMMENT SE FAIT-IL QUE D'URSO, QUI EST TELLEMENT AMIE DES FEMMES, NE DEMANDE PAS À BERLUSCONI POURQUOI IL NE LAISSE PAS LES MINEURES ALLER TRANQUILLEMENT AU CINÉMA AVEC LEURS COPINES ?

— Moi j'ai écrit : AU MOYEN ÂGE, IL Y AVAIT LA PESTE BUBONIQUE, MAINTENANT NOUS AVONS BARBARA D'URSO.

— Moi j'ai écrit : QUELLE HONTE. C'est tout.

— Tu crois qu'il y a vraiment encore des gens prêts à voter pour lui ?

— J'aimerais croire que non.

— Y a quoi dans ton jus de fruits ?

— Aujourd'hui, Monti va tweeter le programme de la campagne électorale.

— Orange-carotte-gingembre.

— J'ai pris un nouvel abonnement chez TIM. Dix euros, quatre cents minutes d'appel, mille SMS, deux gigas d'Internet.

— Belen est belle, elle est sympa, elle fait de la danse classique, elle ne porte pas de culotte, voilà ce qu'a dit Emma.

— Mais elle a répondu : « Il y a ceux qui peuvent se le permettre. »

— Quelle conne.

— Moi, je l'aime bien.

— Tu as lu dans *La Repubblica* ? Les salariés d'Apple disent que Steve Jobs était fasciste.

— Effectivement, autrefois dans les trains, nous étions prêts à faire connaissance avec les voyageurs. Aujourd'hui à cause de lui, nous sommes tous collés à nos iPad.

— C'est n'importe quoi, ce carton rouge pour Marquinhos.

— Mais pourquoi tu es toujours dans mes jupes ?

Elle arrive comme une comète, écrasant de sa voix toutes les conversations que les gens tiennent un dimanche, deux jours avant Noël. Un cri, qui me blesse les tympans, et je dois baisser le volume du micro.

— Qu'est-ce que tu veux de plus, hein ? Les singes sur ton arbre sont toujours les mêmes, bordel ! Toujours les mêmes !

C'est la Folle. Sans témoigner de beaucoup d'imagination, c'est comme ça que les gens l'appellent, dans le quartier. Cristina, de l'institut de beauté, m'a raconté qu'elle vient d'une famille noble, très riche et que, du jour au lendemain, elle a craqué et a tout envoyé balader. Le blason, la villa dans le quartier Parioli, son mari, sa fille. Sa raison. Et qu'elle s'est mise à vagabonder. Les premiers temps où j'habitais ici, chaque fois que je la rencontrais, j'avais l'impression qu'elle était la promesse de quelque chose de menaçant et d'inévitable.

Elle plongeait ses yeux noirs et pénétrants dans les miens, secouait ses boucles blanches, s'en prenait à Dieu, se frottait le visage de la manche de son caftan bleu, élégant : et j'avais l'impression confuse qu'elle savait. Depuis combien de temps ne fais-tu plus l'amour avec Ton Mari ? semblait-elle demander. Depuis quand n'allez-vous plus dîner dehors tous les deux ? Depuis quand ne te demande-t-il plus comment tu vas, ni toi comment il va ?

Et une fois que Mon Mari a été parti pour Dublin, j'ai eu la certitude que la Folle le savait. Que je lui faisais de la peine. Ou peut-être que je la dégoûtais un peu. Qu'elle pensait, mais regarde-la, celle-là, elle croyait qu'elle existait et qu'elle avait réussi. Mais elle se prenait pour qui ?

— Si tu n'es pas Francesco De Gregori, tu n'es pas Francesco De Gregori ! Et si tu étais Francesco De Gregori, tu serais seulement Francesco De Gregori ! C'est tout ! Kaputt ! continue-t-elle à me hurler dans les oreilles, bien qu'elle soit, comme toujours, aux prises avec elle-même, recroquevillée dans le jardin de l'église qui se trouve face au bar. Francesco De Gregori for ever, tu es content ? Pauvre hippopotame… Tu entres ou tu sors, mais si tu restes sur le pas de la porte du zoo, tu m'empêches de passer, pousse-toi de là !

Et je sais que ce n'est pas juste, que c'est trop facile comme ça. Mais depuis que j'ai mis mon micro en marche, depuis sept minutes pour être précise, ce sont les premiers mots qui m'arrivent. En ce qui concerne l'humanité tout entière. Ils survolent les tweets contre Barbara D'Urso, contre Berlusconi, sur ce qu'a dit Belen, sur ce qu'on a dit de Steve Jobs, ils montent, absurdes, phosphorescents, plus haut, toujours plus haut, comme des lanternes magiques, des faucons, des bulles de savon, tandis que la réalité roule sur les abonnements téléphoniques, pour que ce soit toujours plus facile de se dire en temps réel qui sait quelles choses fondamentales, elle roule dans sa sagacité, son indignation, ses conneries. Et nous avec elle.

J'aurais fait n'importe quoi pour qu'elle ne s'insinue jamais, entre moi et Mon Mari, la réalité.

Tu vas à la poste ?

Si tu me donnes un coup de main, la femme de ménage pourrait ne venir qu'une fois au lieu de deux, non ?

Tu as feutré la seule écharpe à laquelle j'étais attaché, merde.

Ta mère ne t'a pas appris à vider un lave-linge ?

La tienne ne t'a pas appris à ne pas être casse-couilles ?

Espèce de con.

Espèce de conne.

Mais va te faire foutre.

J'aurais fait n'importe quoi, et pourtant, qui sait quand et comment je me suis laissé distraire. J'ai baissé la garde. La réalité s'est insinuée. Et elle a été plus forte que nous.

POURQUOI NE ME RÉPONDS-TU PLUS ? m'a écrit Mon Mari, cette nuit, après avoir essayé en vain de m'appeler ces trois derniers jours.

PARCE QUE SI TU N'ES PAS FRANCESCO DE GREGORI, TU N'ES PAS FRANCESCO DE GREGORI ! ET SI TU ÉTAIS FRANCESCO DE GREGORI, TU SERAIS SEULEMENT FRANCESCO DE GREGORI ! C'EST TOUT ! KAPUTT ! Je lui réponds, maintenant.

C'EST-À-DIRE ? écrit-il immédiatement.

C'EST-À-DIRE, TU CHOISIS : TU ENTRES OU TU SORS, MAIS SI TU RESTES SUR LE PAS DE LA PORTE TU M'EMPÊCHES DE CIRCULER.

Pendant que les autres continuent de murmurer, convaincus, entre eux, et à me parler, à leur insu, dans les oreilles.

— Mais l'iPad, c'est quand même vachement utile.

— Il a combien de followers, Fini ?

— Un jus de fruits pressés carotte-orange, merci. Mais sans gingembre.

— Moi, j'en ai presque deux mille.

— Toi aussi, tu le sais bien que De Gregori est finlandais. Ou tu crois que ce n'est pas vrai ? Tu crois qu'il est sibérien ?

– 22 –

Lundi 24 décembre
Lever du soleil 7 h 36
Coucher du soleil 16 h 44

Comme le Père Noël

Ato et moi allons à la gare accompagner Rodrigo qui s'en va et Gianpietro qui arrive.

Parce que.
Demain.
C'est.
Noël.

Même si, pendant dix-huit de mes trente-cinq 24 décembre, j'étais quelque part dans le monde avec Mon Mari, alors qu'aujourd'hui nulle trace d'un pays étranger à l'horizon, pas plus que de Mon Mari à mes côtés.

Même si, pendant trente-quatre de mes trente-cinq

24 décembre, sur mon passeport, écrite quelque part, il y avait l'adresse de Vicarello qui désignait mon domicile.

Même si, pendant huit de mes trente-cinq 24 décembre, je cherchais des idées pour Ma Chronique, quelque part, dans le monde. Bien.

Aujourd'hui, c'est quand même le 24 décembre. Mais, surtout :

Demain.
C'est.
Noël.

Le voilà enfin qui vient à notre rencontre sur le quai, les hanches qui se balancent, les bras grands ouverts, une écharpe de velours violet et jaune autour du cou.

— Tu es tellement belle, me dit-il.

— Tu es tellement belle, lui dis-je.

Depuis que je connais Ato, je ne l'ai jamais vu aussi heureux. Il rit en voyant enfin tata Piera en chair et en os, il rit tout en parlant, et rit en écoutant.

Gianpietro est un vrai bipolaire : son humeur passe de sommets immenses et contagieux d'enthousiasme à des profondeurs insondables de mélancolie.

Dans les premiers temps que nous vivions ensemble, quand je rentrais à la maison, il arrivait que je le trouve en train de répéter la chorégraphie d'un ballet vu à la télé, ou effondré sur le canapé, les yeux rivés au plafond.

Plutôt que de s'ennuyer, il préfère plonger dans un abysse et se faire du mal, en gros.

Je ne suis pas si différente de lui, et notre cohabitation a été exaltante, mais exténuante. Si un de ses pics positifs coïncidait avec un des miens, c'était la fête généralisée. Mais si c'étaient nos pics négatifs qui coïncidaient, nous pouvions arriver au point de ne pas nous laver pendant des jours et de contempler le plafond ensemble, jouant à qui, là-haut, trouverait le signe le plus extrême de notre inutilité à être au monde.

Notre amitié, ce n'est pas un hasard, s'est renforcée quand Gianpietro est allé vivre à Palerme : à cette distance de sécurité, nous arrivons à nous donner le meilleur de nous-mêmes, y compris quand l'un des deux est en proie à ses démons.

Par bonheur, ces dernières semaines, je l'ai senti vif, participatif, fabuleux.

Et aujourd'hui, c'est la version de lui la plus scintillante qui a surgi du train.

— Et Ta Mari ? me demande-t-il sur le chemin de la maison.

— Je ne lui réponds plus au téléphone depuis quatre jours.

— Pourquoi ?

— Parce qu'il doit décider. Soit il entre, soit il sort. S'il reste sur le pas de la porte, il m'empêche de passer.

— Pas mal, dis donc.

— Elle n'est pas de moi, mais de la Folle du quartier.

— On est bien parties, je vois.

— Tu sais, Gianpi ? Il me manque toujours. Toujours. Mais être confrontée à ses doutes et ses peurs, après tout ce qui est arrivé, ne fait que renforcer la nostalgie que j'ai de lui. De nous.

Je m'en rends compte maintenant, en le disant.

— Je te crois, ma chérie. Moi aussi j'ai arrêté d'insister et d'appeler mon père, il y a de nombreuses années, plus ou moins pour les mêmes raisons, dit-il.

Et il n'y a pas de paillettes dans sa voix. Mais elles reviennent aussitôt.

— Allez, on va à la poissonnerie pour nos emplettes. Et puis on va chercher trois costumes de Mère Noël.

— De Père Noël ?

— Hum. Un pour moi, un pour toi et un pour ma petite nièce. Excuse-moi, qu'avais-tu prévu, aujourd'hui, pour tes dix minutes ?

— Inviter ma famille pour le réveillon de Noël me semblait déjà pas mal, au rayon des nouveautés.

— Eh bien, en plus, nous allons arpenter le quartier habillés en Maman Noël pendant dix minutes. Allez ! Ensuite, on se remet à faire les gens sérieux et on prépare le dîner. D'accord ?

« Tu as besoin d'un costume de Père Noël ? D'un adaptateur ? D'un fer à repasser ? Il les a », avait dit Cristina quand elle m'avait parlé pour la première fois du magasin du Chinois.

Du coup, j'y vais, pendant que Gianpietro va chercher le poisson.

— Avez-vous trois costumes de Père Noël ? je lui demande, en espérant que le Chinois ne reconnaisse pas en moi la pénible compagne de gym d'il y a trois jours.

Mais :

— Toi veux que j'envoie nouveau message avec ton téléphone ? me demande-t-il immédiatement.

— Non, merci. Au fait, excusez-moi pour l'autre

jour. C'était une expérience, je ne voulais pas vous déran…

— Aucun dérangement, m'interrompt-il. Ce jour-là, j'étais très très nerveux. Ma femme cassé la jambe et grand désordre dans maison et magasin, sans elle qui aide. Comme si pas assez, mon fils à Cagliari chez fiancée pour Noël. Ma femme triste. Triste et jambe cassée, ma femme.

— Je suis désolée, lui dis-je. Mais demain, le magasin est fermé, non ?

— Oui, demain seul jour de l'année magasin fermé.

— Pourquoi ne venez-vous pas chez moi, avec votre femme ? J'ai invité quelques amis. Venez nous rejoindre pour le café, et restez tant que vous voulez.

— Merci, madame. Mais je veux pas envahir.

— Pas d'invasion, vraiment. Pour moi aussi, demain ne sera pas une journée facile, mais plus on est de fous, mieux c'est.

— Pourquoi pas facile ? Ton fils pas là pour Noël avec toi et famille ? Toi triste ? Toi jambe cassée ?

— Oui. En quelque sorte, oui. Moi triste. Moi jambe cassée.

Nous enfilons le pantalon rouge et la veste pardessus nos vêtements. Nous plaçons le chapeau à pompon sur notre tête.

La nature réservée d'Ato se rebelle :

— Je ne veux pas mettre la barbe, si je rencontrais quelqu'un de ma classe, j'aurais trop honte.

— Ne fais pas l'idiote et mets-toi cette barbe, allez, le convainc tata Piera. Ça ne durera que dix minutes. Fagotés comme ça, personne ne nous reconnaîtra. Moi aussi, j'ai une réputation à défendre, qu'est-ce que tu crois.

Nous voilà sortis.

En vadrouille dans le quartier.

Comme si nous étions le Père Noël.

Multiplié par trois.

Sans gros ventre, sans précipitation, sans le cœur tambourinant de joie, mais prêts à la diffuser à travers le monde.

Le cœur de ce trio de Père Noël est percé, déchiré, il a des bleus, un mariage à la dérive, un père incapable de comprendre et une famille perdue en Érythrée.

Et le besoin de faire passer les dix prochaines minutes.

Ato a les yeux rivés sur sa montre, tellement impatient qu'elles passent.

Gianpietro et moi, en revanche, y trouvons un certain plaisir : pas tant à être le Père Noël qu'à ne pas être nous-mêmes, je crois.

Je me rends tout de suite compte que si, un matin comme les autres, dans le centre de Rome, on peut marcher à reculons sans que personne y prête attention, le matin du 24 décembre, il faut être prudent.

Parce qu'on ne passe pas inaperçu.

— Maman, regarde !

— Le Père Noël !

— Ils sont trois !

Les enfants nous montrent du doigt, dans la rue. L'un d'eux freine des quatre fers et tire la jupe de sa mère.

— Je veux une photo, une photo ! hurle-t-il.

Naturellement, Gianpietro et moi nous mettons à sa disposition.

Ato préfère prendre la photo.

Nous poursuivons notre exploration.

Gianpietro allume une cigarette.

Je reçois un appel et décroche mon téléphone.

Ato nous réprimande :

— Le Père Noël ne fait pas ce genre de chose.

Il a raison.

Gianpietro éteint sa cigarette.

Moi, mon téléphone.

Nous atteignons la placette du quartier, et nous asseyons sur les marches de l'église, Gianpietro entonne d'abord à voix basse, puis de plus en plus fort : *« Jingle Bells, Jingle Bells... »*

— Non, ça, c'est trop, fait Ato en se cachant le visage entre les genoux.

Mais Gianpietro insiste : *« Jingle Bells, Jingle Bells... »* et plus Ato a honte, plus il chante fort et aigu : *« Jingle all the way... »*.

Jusqu'à ce qu'Ato relève le visage, et se mette à l'accompagner. Je suis le mouvement.

« Jingle Bells, Jingle Bells, Jingle all the way... »

Agenouillés sur les marches de l'église du quartier.

Avec nos costumes rouges, nos barbes adhésives blanches.

«... oh what fun it is to ride in a one-horse open sleigh... »

Une dame laisse tomber un euro à nos pieds.

Un enfant en jette deux.

En dix minutes, nous en récoltons treize.

Déguisé en Père Noël, le matin du 24 décembre,

promène-toi dans le centre de Rome et ne t'attends pas à ce que personne ne prête attention à toi.

Au contraire, sois sûr de rencontrer une sorte de gratitude : parce que tout le monde, à sa manière, a besoin d'être réconcilié avec Noël.

Sois sûr que tu vas rencontrer une sorte de compassion : parce que, si tu es fagoté ainsi, il est évident que le premier à avoir besoin de se réconcilier avec Noël, c'est toi.

— Excellent : tout.

— Tout : excellent.

Commentaires de mes parents.

Effectivement, Gianpietro s'est vraiment surpassé, ce soir. La paella était parfaite, de même que la cuisson de la dorade, des patates au four, ainsi que la sauce aux anchois et au vinaigre balsamique qu'il a expérimentée.

Bien avant que mes parents arrivent, j'ai commencé à boire du prosecco : d'habitude il me suffit d'un demi-verre pour me détacher de moi, mais là, à peine au début du repas, j'avais déjà éclusé une bouteille toute seule.

Ainsi, au moment du tiramisù, je ne réalise pas très bien qui lève le énième verre et crie, proclame et déclame : « Joyeux Noël ! »

Mais ça pourrait être moi.

Tous entonnent à ma suite cette phrase qu'à l'évidence tous attendaient d'avoir la permission de lancer :

— Joyeux Noël, dit mon père.

— Joyeux Noël, dit ma mère.

— Joyeux Noël, dit mon frère.
— Joyeux Noël, dit Gianpietro.
— Joyeux Noël, dit Ato.
— Joyeux Noël, je répète. Joyeux Noël.

– 23 –

Mardi 25 décembre
Lever du soleil 7 h 36
Coucher du soleil 16 h 44

Noël avec qui tu veux

Ato, Gianpietro et moi avons déjeuné des restes du réveillon.

À partir de quatorze heures, les gens ont commencé à arriver. À quatre heures du matin, l'interphone sonnait encore.

Ce Noël a duré seize heures.

Mais pendant dix minutes, vers vingt heures, je suis restée dans un coin du salon, enfoncée dans un fauteuil à les observer, tous.

Ceux qui, il y a trois jours, ont reçu mon message : LE 25 DÉCEMBRE, APRÈS LE DÉJEUNER ET JUSQU'À QUAND TU VEUX, JE T'ATTENDS CHEZ MOI. ALLEZ, ON VA FÊTER NOËL ENSEMBLE. Et qui aujourd'hui sont là. Ils ont fait cet effort. Même s'il leur a fallu prendre un train dans la journée depuis Milan, comme Rodrigo. Un avion de Bruxelles, comme Carlo, mon ex-colocataire. De Turin, comme Alessandra, mon autre ex-colocataire, l'amazone. Ils se sont déplacés. Mes camarades d'école, de lycée, les personnages de Ma Chronique, mon éditrice, des gens rencontrés par hasard, des gens rencontrés pour toujours, et même le Chinois et son épouse. Ils ont apporté des gâteaux, des brioches, des douceurs, des bouteilles de vin, de la charcuterie, des cadeaux pour Ato. Je les regarde manger, boire, bavarder, se plaindre, partager une chaise parce que l'espace n'est pas grand, je les regarde regarder la télé, s'allonger par terre parce qu'ils ont abusé du déjeuner, je les regarde s'endormir sur les accoudoirs du canapé, allumer des cigarettes.

Aucun d'entre eux n'est Mon Mari.

Mais ils sont tous là. À fêter Noël. Avec moi.

Et ils sont quatre-vingt-neuf.

Ils sont nombreux.

Hyper nombreux.

Et ?

Depuis que ma vie est vide, je ne m'étais jamais rendu compte qu'elle était si remplie.

– 24 –

Mercredi 26 décembre
Lever du soleil 7 h 37
Coucher du soleil 16 h 45

SOS Amitié

Tandis que la maison était pleine à craquer d'invités et de Noël, vers deux heures du matin, je me suis enfermée dans la salle de bains avec Annalisa.

Pour parler de Mon Mari.

Ensuite, je me suis enfermée avec Giada dans la chambre d'Ato.

Pour parler de Mon Mari.

Ensuite, Annalena, puis Nolan nous ont rejointes.

Pour parler de Mon Mari.

Et, une fois que tout le monde était parti, au lieu de commenter la fête, à cinq heures du matin, qu'ai-je fait avec Gianpietro ?

J'ai parlé de Mon Mari.

Je ne fais rien d'autre depuis un an.

Parce que l'amour, c'est vraiment pervers.

Quand il est là, on parle avec une seule personne de toutes les autres.

Quand il est mis à mal, on parle avec toutes les autres d'une seule personne.

De la seule avec laquelle on n'arrive plus à parler.

Et jour après jour, cette personne n'en est plus vraiment une : à force de parler d'elle au lieu de vivre avec elle, elle apparaît en pointillés, comme un hologramme.

Une chose indistincte, trompeuse et superficielle.

Annalena et Giada sont mes amies les plus proches. Je réfléchis en rangeant la cuisine, qui est transfigurée après l'invasion d'hier, et je passe la serpillière.

Annalena écrit, d'une écriture gracieuse et légère, dans le journal où je tenais Ma Chronique. C'est comme si nous avions été camarades de classe pendant huit ans, et par l'esprit, nous le sommes encore, à partager le même banc et à échanger, pendant que personne ne nous regarde, des antisèches pendant les interros que cette conne de Professeur Réalité ne manque jamais de nous soumettre. Évidemment et malheureusement, depuis un an et demi, ces antisèches ont toutes mon couple pour sujet.

Nolan, quant à lui, a été le témoin de notre mariage.

Pour eux aussi, en ce moment, Mon Mari est un hologramme.

Trop proche depuis toujours et trop distant maintenant pour que ce soit véritablement lui, celui auquel nous nous référons, en disant « il ».

Ma psy est bien utile parce qu'elle me connaît par cœur, bien sûr, mais, pour la même raison, ne risque-t-elle pas d'être trompée par une trop grande familiarité avec mon inconscient, quand elle exprime son avis à propos de mon couple ?

Peut-être, qui sait, cela me ferait-il du bien de tout

raconter depuis le début à quelqu'un que je ne connais pas.

Qui ne le connaît pas, lui.

Il faudrait comprendre ce qu'on verrait si on la regardait de l'extérieur, notre histoire.

Et alors, voilà ce que je pourrais faire de mes dix minutes, aujourd'hui.

Mais oui.

J'abandonne mes torchons, j'allume mon ordinateur et recherche sur Google : SOS AMITIÉ.

Il doit bien encore exister quelque chose dans ce genre, malgré l'arrivée des forums, de Facebook, de Meetic, et les infinies possibilités immédiates de dire au monde entier « Salut, j'ai un problème ! », et de s'entendre répondre, avec un intérêt réel ou feint, ça n'a pas d'importance : « Quel problème ? »

Une chose dans ce genre *résiste*-t-elle encore ?

Elle existe, elle résiste.

Je compose le numéro.

Un piano joue une musique qui voudrait, je crois, insuffler une profonde sérénité.

Moi, ça me fait un peu flipper.

— SOS Amitié, bonjour.

— Bonjour, je m'appelle Chiara.

— Bonjour, Chiara. SOS Amitié est à ton écoute et moi, je m'appelle Barbara.

— Mon Mari et moi nous connaissons depuis que nous avons dix-huit ans et aujourd'hui nous en avons trente-six.

— Oui.

— Nous nous sommes beaucoup aimés. Peut-être même trop. Et nous nous aimons encore.

— C'est une grande chance.

— Je ne sais pas, Barbara, si c'est une chance. Je ne sais plus rien, aujourd'hui.

— Pourquoi ? As-tu envie de me raconter ce qui est arrivé ?

— Bien sûr. Mon Mari, il y a dix mois, tandis qu'il était à Dublin, m'a quittée par téléphone.

— Ça a dû être terrible.

— Pendant au moins six mois, je ne comprenais plus rien. Même plus où se trouvaient mes cheveux. Les clés. Mes dents. J'ai perdu neuf kilos.

— Et aujourd'hui, tu as dépassé le traumatisme ?

— … Oui. Si vous voulez dire la période où je ne savais plus où étaient mes dents, celle-là, oui. Et j'ai aussi repris quatre kilos. Mais par certains aspects, la phase que je traverse actuellement est encore plus difficile.

— Pourquoi, Chiara ?

— Parce que maintenant, je comprends ce qui se passe.

— Et donc ?

— Ce qui se passe ne me ressemble pas.

— As-tu envie de m'expliquer mieux ce qui se passe ?

— Mon Mari est revenu.

— C'est ce que tu voulais ?

— Non. En fait, si. Tout le temps où il avait disparu, je ne désirais rien d'autre.

— Et ?

— Et donc, je voulais qu'il revienne vivre avec moi.

— Mais ?

— Mais il n'est pas revenu vivre avec moi.

— Pourquoi est-il revenu, alors ?

— Pour être avec moi, bien sûr. Mais il ne le sait pas.

— Comment est-ce possible ?

— C'est assez confus.

— Et toi, es-tu sûre de le vouloir encore, après ce qu'il t'a fait ?

— Pourquoi me poses-tu cette question, Barbara ? Serais-tu en train d'insinuer qu'en réalité je cherche seulement le moyen pour que nous nous séparions mieux que nous ne l'avons fait ? Et qu'il fait la même chose ?

— Je voulais seulement dire que…

— Mais ce n'est pas possible de bien se quitter, malheureusement.

— Tu crois ?

— Je crois, Barbara. Je crois. Ce n'est possible pour personne. En tout cas, pas pour nous deux.

— Bien sûr, après toutes ces années. Je te comprends, Chiara.

— Non, tu sais, le problème ne vient pas du temps passé ensemble.

— Dans quel sens ?

— Dans le sens où, si je l'avais connu hier, Mon Mari, il me serait nécessaire aujourd'hui. Je l'ai tout de suite perçu comme ça. Nécessaire. Nos Primaires ne font qu'un en réalité, tu comprends ?

— Tu es extraordinaire, Chiara.

— Non, ce n'est pas vrai, Barbara. Je suis absolument dans la moyenne. Mais Mon Mari m'a touchée dans ce point précis de nous qui nous fait nous sentir un peu spéciaux. Et même géniaux, à certains moments. Chez nous… Voilà. Nous pouvons enfin nous sentir chez nous, si nous sommes touchés en ce point précis. Tu vois ?

— Je vois.

— Et quand un être humain te touche de cette façon, c'est difficile de s'en passer. Tu as peur de te perdre tout entière, en le perdant.

— Mais ce n'est pas vrai. Tu es toi. Avec ou sans ton mari.

— Mmm.

— As-tu un travail ?

— J'écris. Je tenais une chronique dans un hebdo jusqu'à il y a quelques mois, mais ils m'ont licenciée et ont donné ma place au courrier du cœur de Tania Melodia.

— Celle qui a remporté « Loft Story » ?

— Oui, elle.

— Une fille super. Elle a eu trois histoires pendant qu'elle était dans l'appartement.

— Dont deux en même temps, je sais.

— Choses que font les hommes, normalement. Mais elle nous a toutes vengées.

— C'est ça.

— …

— …

— Ça va un peu mieux, Chiara ?

— Oui, bien sûr. Merci, Barbara.

— Je suis contente. Appelle quand tu veux. SOS Amitié est à l'écoute vingt-quatre heures sur vingt-quatre.

— Merci.

— Bonne année.

— Bonne année à toi aussi.

— Et surtout, rappelle-toi. Tu es toi, avec ou sans ton mari.

Je raccroche.

Le coup de fil a duré douze minutes.

Comme c'est bizarre.

Je pensais qu'ils auraient eu un goût nouveau, les mots d'une personne étrangère qui aurait commenté mon histoire avec Mon Mari.

En fait, ce sont ceux que j'ai prononcés moi-même pour parler de nous à un étranger qui m'ont paru plus neufs.

Nous qui ?

Deux personnes qui se sont beaucoup aimées, peut-être trop.

Qui s'aiment encore.

Et pourraient avoir l'occasion de revenir ensemble.

Mais qui cherchent peut-être celle de mieux se séparer.

Ce qui n'est pas possible.

Ça ne l'est pour personne, quand ce point précis a été touché.

Où nous courons le risque, finalement, de nous sentir un peu spéciaux.

Géniaux, même, à certains moments.

Chez nous.

– 25 –

Jeudi 27 décembre
Lever du soleil 7 h 37
Coucher du soleil 16 h 46

Les arcanes majeurs

Mon rapport à la magie et à l'ésotérisme a toujours été compliqué.

Je ne doute pas qu'il existe quelque chose de plus grand que nous, qui sait tout et voit tout. Au contraire. J'en suis même sûre.

Mais justement pour cette raison, je pense que ce quelque chose ne doit pas être dérangé, interpellé, je pense qu'il faut le laisser là où il est.

En espérant qu'il soit clément et qu'il ait le même respect pour nous en retour.

Depuis que sa mère, il y a vingt ans, les a abandonnés, lui et son père, pour une diseuse de bonne aventure, Mon Mari a développé une allergie envers quiconque prétend à la possibilité d'un dialogue avec le surnaturel.

Et cela s'est propagé jusqu'à moi.

En tout cas, et ce n'est certes pas un hasard, Gianpietro m'a offert pour Noël un jeu de tarots.

Échappe-toi, toi aussi, de lui : avec une diseuse de bonne aventure ou avec qui ça te chante (moi je plaide pour Javier Bardem...) mais échappe-toi, a-t-il écrit sur le petit mot attaché au paquet.

Il a choisi des cartes particulières, Gianpietro : c'est un artiste autrichien qui les a dessinées à la main en 1986. Ce jeu s'appelle Eclectic Tarot.

Je n'ai pas encore eu l'occasion de bien le regarder, mais ce matin, Ato et Gianpietro ne semblant pas près de se réveiller, la maison est bercée dans une sorte de paix et j'ai dix minutes pour apprendre quelque chose de nouveau.

De sorte que j'ouvre le paquet et commence à en étudier les cartes.

Elles sont au nombre de soixante-dix-huit. Elles se répartissent, d'après la règle du jeu, en arcanes majeurs et arcanes mineurs. Les premiers sont au nombre de vingt-deux et « peuvent être considérés comme des étapes le long du chemin de la vie et de la connaissance de nous-mêmes ». Il y a cinquante-six arcanes mineurs, subdivisés en quatre couleurs comme des cartes à jouer ordinaires.

Je dois choisir par lesquels commencer et je n'ai pas d'hésitation : les dessins que portent les arcanes majeurs sont tellement vivants et fascinants... Le Magicien, la Papesse. L'Impératrice, l'Empereur. Les Étoiles, la Lune, le Soleil. La Route de la Fortune, le Pendu. Tout un univers de symboles, de promesses et d'avertissements se déroule, comme une nappe colorée, sur la table de la cuisine et dans ma tête.

Je prends une carte à la fois, en lis l'explication

sur le livret, la résume avec mes mots et les transcris sur un cahier.

Je viens à peine de terminer quand Ato fait son apparition à la porte de la cuisine.

— Es-tu devenue magicienne, Chiara ?

Il est sérieux, comme si, à ses yeux, il suffisait que j'essaie quelque chose pour pouvoir le devenir.

Je souris.

— Peut-être. Pose-moi une question, tire une carte et on va voir.

Je lui tends le paquet.

Ato reste immobile. Il se balance sur ses longues jambes. A-t-il peur ?

— Je n'ose pas, admet-il.

— Mais ce n'est qu'un jeu. Je n'ai pas eu le temps d'apprendre à lire les tarots pour de vrai.

— Harry Potter dit que la magie est dangereuse. Plus tu te moques d'elle, plus elle se moque de toi en retour. Un de mes camarades de classe fait ça aussi. Si tu lui fais une blague, il te frappe. Il vaut mieux ne pas se mêler de certaines choses.

C'est exactement ce que j'ai toujours pensé.

Mais les dix minutes servent précisément à cela : à ne pas penser, au moins pour un instant, comme j'ai toujours pensé.

Alors je fais le cobaye moi-même.

Je pose une question à voix haute.

— Que dois-je faire pour sortir des sables mouvants dans lesquels s'est empêtrée ma vie ?

Je mélange les arcanes majeurs et j'en pioche un.

Le Fou.

Je consulte mes notes : *Le Fou conseille de ne pas résister aux changements et de se lancer.*

Un frisson de peur me monte soudain le long du dos.

Providentiel, comme prêt à m'emmener immédiatement ailleurs, mon téléphone sonne.

C'est le docteur Carmine Pisacane, le responsable d'Ato à la Cité des Enfants. Un homme charismatique, qui réagit à la dureté de ce qu'il affronte tous les jours avec un comportement doux, un air sournois et rêveur.

— Bonjour, c'est Pisacane.

— Bonjour, c'est Chiara.

— Tous mes vœux.

— À vous aussi. Ato va très bien, vous voulez lui parler ?

— Non, Chiara, je voudrais échanger quelques mots avec vous.

Je n'avais jamais entendu ce ton de voix chez Pisacane. Lequel ? Je ne saurais le dire. En tout cas, je ne l'avais jamais entendu.

— Tout va bien, Pisacane ?

— Tout va bien, Chiara, ne vous inquiétez pas.

Trop tard.

— Que se passe-t-il ?

— Rien de grave, Chiara, vraiment. Mais j'aurais besoin de vous voir. Que pensez-vous du 2 janvier, vers onze heures ? Êtes-vous libre ?

— … Oui, je suis libre.

— Chiara, soyez tranquille. Tout va bien, je vous l'assure. Nous devons seulement discuter ensemble de l'avenir d'Ato.

Seulement ? Nous devons *seulement* discuter ensemble de l'avenir d'Ato ?

J'affiche l'air le plus normal possible. Parce que face à moi se trouve Ato, qui me regarde.

— Parfait, alors nous nous voyons le 2.

— Meilleurs vœux pour la nouvelle année, Chiara.
— Tous mes vœux, Pisacane.

Je raccroche. Ato est littéralement pendu à mes lèvres.

— Que se passe-t-il ? demande-t-il avec anxiété. Est-il fâché contre moi ? J'ai fait quelque chose de mal ? Je dois rentrer tout de suite à la Cité ? Je ne peux plus rester ici jusqu'à la fin des vacances ?

— Mais non, ne t'inquiète pas. Il voulait seulement me souhaiter une bonne année.

— Ah.

— Vraiment.

Ato, à raison, demeure perplexe.

Je lui tends de nouveau le paquet de cartes.

— Si tu ne me crois pas, pioche une carte et demande-le aux tarots, ce que Pisacane voulait me dire, allez.

Il rit.

Je ris.

Gianpietro se réveille à son tour, il est ravi de me voir aux prises avec son cadeau, il pioche une carte, celle qu'il tire ne le convainc pas, il en pioche une autre : Ato oublie vite l'appel de Pisacane.

Moi, par contre, je suis incapable de penser à autre chose de toute la journée.

Mais, quoi que Pisacane ait à me dire, quoi qu'il arrive, je me répète : ne résiste pas aux changements.

Lance-toi.

Ne résiste pas aux changements.

– 26 –

Vendredi 28 décembre
Lever du soleil 7 h 37
Coucher du soleil 16 h 47

Je voudrais, je voudrais

Gianpietro passera le Nouvel An chez son nouveau fiancé : pas celui avec lequel nous sommes allés à Formentera cet été. Un autre. Le bon, d'après moi. Et les derniers tarots que je lui ai lus à ma façon hier, avant d'aller nous coucher, le disent eux aussi : en tout cas, c'est ainsi que j'ai interprété les cartes du Soleil, de la Roue de la Fortune et du Monde qu'il a piochées, l'une après l'autre. Mais ce sont surtout les yeux de Gianpietro qui le disent quand il en parle. Et le fait qu'il le nomme au masculin : Mikhail.

— Il est ingénieur, il est russe, m'a-t-il seulement raconté.

Cela a suffi. Pas « elle est russe », mais « il est russe ». Pas « elle est ingénieure », mais « il est ingénieur ». On sent quelque chose de différent des autres.

Si bien qu'aujourd'hui Gianpietro va le rejoindre

à Florence, où ont déménagé ses grands-parents, et il y passera les derniers jours de l'année. Avec les grands-parents de Mikhail.

Nous l'accompagnons à la gare et, quand le train s'éloigne, Ato a son air du lundi matin.

Moi aussi, je me suis réveillée particulièrement de mauvaise humeur ce matin : pas seulement à cause du départ de Gianpietro et du mystérieux coup de fil de Pisacane, mais parce que hier cela faisait une semaine que j'avais croisé les yeux jaunes de Mon Mari pour la dernière fois, que j'avais entendu sa voix mielleuse, que j'avais senti l'odeur à jamais familière de sa veste, de sa voiture.

Et aujourd'hui, cela fait une semaine et un jour.

Le temps passe, en fait, et lui non. Il ne passe pas.

Et il ne m'appelle même pas pour me dire tu sais, j'ai bien réfléchi. Vivons à nouveau ensemble. Vraiment et pour toujours.

Mais je n'arrive pas à l'appeler moi non plus pour le lui dire.

Vivons à nouveau ensemble. Vraiment et pour toujours.

— Regarde, Chiara. Un sapin aussi beau que le nôtre, déclare Ato en désignant le sapin gigantesque qui, comme chaque année, trône face à la gare Termini.

Il y a quelques jours, trop pris par l'arrivée de tata Piera, il ne l'avait pas remarqué.

Nous nous en approchons. Naturellement, il est nettement plus majestueux que le nôtre. C'est un vrai sapin, haut et dressé vers le ciel. De chaque branche pendent des grappes de petits mots. J'en lis quelques-uns : ce sont les vœux pour la nouvelle année : quiconque en passant peut y écrire ce qu'il a sur le cœur, puis l'accrocher là.

Et comme c'est précisément ce qui me manque aujourd'hui, je demande à Ato s'il peut chronométrer.

Je n'ai même plus besoin de lui préciser combien de temps, évidemment.

Je commence à lire à voix haute.

« Je voudrais que l'équipe de Rome remporte le championnat ou au moins que Francesco batte ce record.

Que la nouvelle année donne aux riches la capacité de comprendre que ce n'est pas beau d'être riche dans un pays où règnent la pauvreté et la précarité.

Une bite pour la prof de maths, comme ça, elle va se calmer.

Que Luca soit toujours comme il est maintenant.

Que ma vie change.

Réussir tous mes examens.

Un paquet de pognon pour faire le tour du monde.

Que tous les politiciens crèvent.

Avoir des ailes.

Une année sexuellement active.

J'ai détruit tout ce que j'avais en une nuit, je voudrais, s'il vous plaît, revenir en arrière.

Belle, 2013.

Une fille avec qui sortir : si tu la trouves, dis-lui d'appeler au 06 63 13 57 94.

Baby amour pipi et caca et Monopoly.

Que mon oncle Antonello guérisse.

That my family in Vietnam is always happy.

Un beau fiancé musicien (mais ras-le-bol des rappeurs à la noix).

Mon équilibre.

Que Manuel arrête d'emmerder Sabrina.

Depuis plus de dix ans, je suis expulsé de tous les domiciles, de tous les emplois, je n'ai plus rien, ne me laissez pas finir sur le trottoir.

Yamete yamete.

Que Michael Jackson revienne. »

Ato me fait signe que dix minutes sont passées.

— Et toi ? Qu'attends-tu de l'année qui arrive ?

— Retrouver ma famille, répond-il sans avoir besoin d'y réfléchir. Et toi ?

— Moi aussi, grosso modo.

Ato ouvre de grands yeux, comme s'il allait éclater de rire ou fondre en larmes, on ne sait pas.

— Mais toi, tu l'as, Chiara. Tu as ta maman, ton papa, ton frère, ajoute-t-il.

Et non pas : espèce d'imbécile, comment peux-tu comparer ta situation à la mienne. Il dit, vraiment : toi, tu l'as ta famille, Chiara, quelle chance.

Et ses yeux de perle noire se font encore plus profonds.

Je le serre contre moi, comme je ne le fais jamais, tant je suis embarrassée par son embarras face à toute démonstration d'affection, et je lui murmure à l'oreille :

— Toi aussi, tu as une famille. Tu as Pisacane, tu as la Cité des Enfants. Tu m'as, moi. Tu as tata Piera.

Ce n'est pas la même chose, pensons-nous à l'unisson.

Mais aucun de nous ne le dit.

Nous nous en savons gré.

– 27 –

Samedi 29 décembre
Lever du soleil 7 h 37
Coucher du soleil 16 h 47

Chez Ikea

Giada est née et a grandi à Vicarello, à deux maisons de distance de la mienne : nous étions dans la même classe à la maternelle, en primaire, au collège et aussi au lycée, quand nous avons commencé à faire des allers-retours à Rome.

Elle est aujourd'hui maîtresse dans une école élémentaire où elle fait du soutien : c'est la femme la plus généreuse de toute mon arche de Noé, en plus de compter parmi les rares personnes en lesquelles j'ai une entière confiance.

Il y a aussi Annalisa : elle est comédienne de théâtre et je l'ai rencontrée il y a un an, à une lecture publique. Je devais présenter le livre, elle devait en lire des passages. Mon Mari, deux jours auparavant, m'avait appelée de Dublin. Le monde entier me paraissait être un gigantesque et invincible ennemi, sauf Annalisa. Il a suffi qu'elle me demande : « Tout va bien ? » avant le début de la présentation, quand elle m'a croisée aux toilettes de la librairie avec les yeux rouges de celle qui vient à peine de pleurer ou de vomir, ou les deux ensemble, comme dans mon cas, et j'ai tout de suite compris. Qu'elle était une amie. Une personne qui, face à quelqu'un pour qui il semble évident que tout va mal, n'hésite pas à demander : « Tout va bien ? » Et surtout ne craint pas d'assumer la réponse.

Si Giada et Annalisa n'avaient pas été là, cette année, je ne crois pas que j'aurais survécu.

Je n'exagère pas : les premières semaines à Rome, sans Mon Mari, il ne me venait même pas à l'esprit que je devais faire des choses telles que manger ou dormir.

Avec une patience dont je leur serai toujours redevable, une attention continue et des mots toujours justes, même mensongers s'il le fallait, Giada et Annalisa, chaque jour, étaient là pour me le rappeler.

— Mange.

— Dors.

— Il t'aime encore.

— Je m'occupe de te préparer à manger.

— C'est sûr qu'il t'aime.

— Je reste dormir ici.

Je ne suis pas encore tout à fait redevenue moi-même : et une des infinies raisons pour lesquelles je m'ingénie à le faire est de pouvoir rendre à ces femmes merveilleuses la compréhension, la tendresse et la force que chaque jour elles me donnent.

Ce matin, par exemple : *Je voudrais faire, pendant dix minutes, un tour chez Ikea. Vous m'accompagnez ?*

Je le leur ai écrit par mail, à toutes les deux.

Quelques heures plus tard, les voici : elles m'accompagnent.

C'est Giada qui conduit, un véritable périple nous attend, Ikea se trouve à Anagnina, de l'autre côté de la ville.

— C'est vrai que tu n'y es jamais allée ? me demande Annalisa.

— Jamais.

— J'imagine que Ton Mari disait ce que disent tous les hommes, commence Giada, ou tout au moins ce que disait mon ex : Ikea est le cimetière des couples, seule la culpabilité peut pousser un homme à se rendre avec sa femme dans un endroit pareil, si vous nous traînez là-bas, ne vous plaignez pas ensuite que le mâle soit mort, c'est vous qui l'avez tué, etc.

— Sincèrement non, tu sais. C'était moi qui ne voulais pas en entendre parler.

C'était moi, cela a toujours été moi.

— Quel besoin avons-nous de meubler cette maison ?

Voilà ce que je répondais à Mon Mari quand il me proposait justement d'aller chez Ikea. De toute façon, dès que les travaux à Vicarello seront terminés, nous retournerons là-bas, non ? Pour le moment, ça nous suffit largement d'avoir les vêtements, les serviettes de toilette et les draps dans les armoires.

— Mais j'aurais besoin d'acheter au moins quelques étagères pour mes disques et mes DVD.

— Tu peux très bien les garder dans des cartons et prendre petit à petit ceux dont tu as besoin. Moi, avec mes livres et ma collection de tasses, je fais comme ça.

Jusqu'à ce que Mon Mari s'en aille.

Et les cartons avec ses disques et ses DVD se trouvent

maintenant dans la maison du collègue auquel il a loué une chambre.

— Vous connaissez la chanson *L'Amour au temps d'Ikea* ? demande Annalisa. C'est le groupe Lo Stato Sociale qui chante ça. *« Le poids net sans la tare, c'est la marée basse, tout ce qui se détruit se recréera, le poids net sans la tare, c'est l'amour au temps d'Ikea. »*

Giada rejoint Annalisa et chantonne avec elle.

« Le fétichisme immobilier est une panacée, c'est un mantra qui s'entrouvre comme une nymphe, le fétichisme immobilier, c'est l'amour au temps d'Ikea. Mes cartons ont le goût de toi, mes cartons ont le goût de toi... »

Je ne la connaissais pas.

Mais non, mes cartons n'ont pas le goût de Mon Mari, au contraire. Je me suis décidée à les ouvrir quand Ato est venu me voir la première fois, il m'a demandé ce que c'était, tous ces cartons empilés dans la salle de bains des invités, et alors enfin, je les ai ouverts, et pour le moment j'ai rangé les livres et les tasses dans l'armoire où étaient les vêtements de Mon Mari.

Ils ont plutôt le goût d'Ato, mes cartons.

Ils ont le goût du besoin de faire de l'espace qui est arrivé avec lui.

— Le responsable de la Cité des Enfants m'a appelée. Il veut que nous parlions ensemble de l'avenir d'Ato.

— C'est sûrement pour discuter des progrès qu'il fait depuis qu'il vient chez toi le week-end, ne t'inquiète pas, me dit Giada. Moi aussi, une fois par mois, je rencontre les parents de l'élève que je suis.

« Le poids net sans la tare, c'est la marée basse... » continue à chantonner Annalisa.

Tout ce qu'il y avait à dire sur Ikea a déjà été dit.

Tout a déjà été écrit.

Et même chanté.

Une fois sur place, je m'attendais à compter les secondes égrenant mes dix minutes, pour sortir le plus vite possible de cet enfer de trop de tout auquel je m'attendais.

J'ai toujours eu des problèmes avec les centres commerciaux, les grands magasins, avec tous ces endroits mythomanes, inhumains, et pourtant construits par l'homme pour l'homme : depuis un an, pleine de blessures comme je le suis, même aller au cinéma me coûte, et cinq personnes que je ne connais pas me paraissent déjà constituer une foule compacte.

Ce doit être grâce à Giada qui parle, à Annalisa qui chante, au fait que c'est le premier samedi après Noël et qu'il règne la calme somnolence qui suit une tempête, mais cet Ikea légendaire, fantastique et périlleux me semble un lieu où il est presque doux de se laisser dériver.

J'achète un abat-jour simple, bleu et blanc, pour ma table de chevet (nous avions deux abat-jour, Mon Mari et moi : un en forme de Lilo et un en forme de Stitch, héros de notre dessin animé préféré. Mais après, il est parti pour Dublin. Les deux lampes ont fini à la poubelle le jour même de son appel.

Quatre maniques en caoutchouc pour les pancakes à venir.

Un petit arrosoir jaune pour ma laitue et mon piment.

Cinq étagères de bois clair pour mes livres.

Deux pour ma collection de tasses.

Giada achète un service d'assiettes à dessert.

Annalisa un pouf vert fluorescent.

À la caisse, je regarde ma montre : nous avons passé ici quarante-deux minutes !

Je m'apprête à le faire remarquer aux autres lorsque, tout à coup, une main m'attrape par l'épaule.

Ce n'est pas la main de Giada, qui est devant moi. Pas celle d'Annalisa non plus, qui se trouve à côté.

Je me retourne. C'est la main d'une fille aux yeux verts en amande, des cheveux blonds au carré autour d'un visage de porcelaine, un corps mince, sinueux, emmitouflé dans une fourrure de vison.

C'est la main de Tania Melodia. Je la reconnais immédiatement, grâce à son portrait dans le courrier du cœur.

Qui a pris la place de Ma Chronique.

— Chiara ! J'y crois pas ! C'est vraiment toi ? hurle-t-elle.

Et elle me serre dans ses bras. Elle tire sur le tee-shirt d'un type qui pousse le chariot à côté d'elle.

— Tu te rends compte, Bob ? C'est Chiara !

Et elle appelle un autre gars, de dos, occupé à étudier le rayon papeterie près des caisses.

— Federico ! Viens là ! C'est Chiara !

Puis elle s'adresse de nouveau à moi :

— C'est un tel honneur d'avoir hérité de l'espace de ta chronique. J'ai lu tous tes livres, tu sais ? Nous avons énormément de choses en commun, toi et moi. Je l'ai tout de suite dit au directeur du journal quand il m'a appelée pour me proposer de reprendre ta place.

Ah, les voilà enfin… Chiara, je te présente Bob et je te présente Federico. Voici Chiara, les gars !

La joie la met hors d'elle.

Bob doit être son *personal trainer*, ou quelque chose dans le genre : il est grand, a les épaules incroyablement larges, des biceps en forme de ballon de rugby sous son tee-shirt noir, translucide, moulant.

Federico ressemble à un Jésus, il a les cheveux longs, blonds, les yeux clairs, un poncho en laine et deux piercings, un sur la lèvre et l'autre dans la narine.

Ils me serrent la main, cordiaux. Sans dire un mot. Mais Tania s'en charge.

— Nous avons dû courir dans le rayon des chambres à coucher pour semer les paparazzis… Quand est-ce qu'ils se décideront à nous ficher la paix une bonne fois pour toutes ? Excuse-moi, Bob, excuse-moi, Federico, vous pouvez vous pousser un peu, nous avons des choses à nous dire entre femmes, avec Chiara.

Dociles, les hommes s'éloignent. Tania serre mes mains dans les siennes et murmure.

— Je n'arrive à renoncer à aucun des deux : que puis-je faire ? Après le « Loft », j'ai bien essayé, tu sais. Mais impossible. Ils me sont indispensables. Du coup nous avons décidé de nous installer tous les trois. Ensemble. Nous sommes venus choisir un lit, et comme tu peux l'imaginer, ce n'est pas évident d'en trouver un qui soit adapté pour nous… Ne me regarde pas comme si j'étais un monstre, Chiara, je t'en prie… Eux, ça leur convient, alors quel mal y a-t-il ? Il faut bien la vivre, cette vie… Il faut prendre tout ce qu'il y a de bon à prendre, pas vrai ? Et si je n'arrive pas à aimer un seul homme à la fois, que dois-je faire ? Me tuer ? Par ailleurs, le sous-titre de ta chronique était

« La famille est là où la famille se fait », non ? C'est devenu ma devise. Chiara, Chiara, Chiara : j'espère que tu ne m'en as pas voulu de t'avoir remplacée, dit-elle en m'embrassant à nouveau. De toute façon, toi, tu as beaucoup de choses dans la vie, non ? Tu as tes romans, ton intelligence, ta sensibilité. Une pauvresse comme moi, si elle ne profite pas de l'élan de popularité d'un *reality show*, que lui reste-t-il ? dit-elle en riant et en me serrant contre elle. Dis, on échange nos numéros de téléphone, Chiara ? J'ai toujours su, secrètement, que nous allions devenir de grandes amies, nous deux. Tu me le promets ? Considère-moi comme une amie, à partir d'aujourd'hui. Si tu as besoin de quelque chose, tu me passes un petit coup de fil ?

Elle rit encore. M'embrasse encore.

« Tout ce qui se détruit se recréera, me chante Annalisa dans une oreille. *C'est l'amour au temps d'Ikea. »*

Pendant ce temps, Giada a concentré toute son attention sur Federico : il correspond exactement à son idéal masculin.

Hélas, il ne lui accorde pas même un regard. Il n'en a que pour Tania Melodia.

Pour mon amie Tania Melodia.

– 28 –

Dimanche 30 décembre
Lever du soleil 7 h 37
Coucher du soleil 16 h 48

Plus ou moins un baiser,
sans contre-indications

Avec l'aide d'Ato, je réussis à monter les étagères Ikea dans le salon.

Je range les livres et la collection de tasses, tout en racontant à Ato ma rencontre avec Tania.

— Je n'ai jamais osé te le dire, me confie-t-il, parce que tu la détestes, mais à la Cité des Enfants, je regarde « Loft Story » tous les lundis. Et Tania a été une participante super sympa. Bob et Federico aussi. Super sympas. Bob était le beau gosse de l'appartement. Federico était l'intelligent.

Et en effet, Tania n'a voulu renoncer à aucun des deux champions.

« Il faut bien la vivre, cette vie, a-t-elle dit hier. Il faut prendre tout ce qu'il y a de bon à prendre, pas vrai ? Et si je n'arrive pas à aimer un seul homme à la fois, que dois-je faire ? Me tuer ? »

Je n'ai pas la moindre idée de ce que cela signifie.

Aimer deux hommes, je veux dire.

Chaque fois qu'au cours de nos dix-huit années ensemble Mon Mari et moi nous sommes éloignés, c'est quand même lui que j'ai cherché dans les hommes avec qui je suis sortie.

À part Stefano Lauro, bien sûr.

Mais ça, c'est une autre histoire.

Complètement différente.

Nous étions en première année de fac, Mon Mari et moi. Il avait choisi le droit, et moi les lettres.

Hors des murs du lycée où nous nous étions rencontrés et où nous étions tombés amoureux l'un de l'autre, nous nous sentions comme perdus. Un peu comme nous nous sommes sentis perdus à Rome, dans cette maison.

Mais à l'époque, nous avons réussi à nous retrouver.

Ça nous a pris cinq mois, mais nous avons réussi.

J'ai rencontré Stefano au cours de ces cinq mois.

C'était un de mes camarades de fac.

Il était introverti, silencieux et galant : exactement l'opposé de Mon Mari, qui a toujours été un irréductible narcissique, bavard et plutôt mal élevé. Pour moi, irrésistible.

Stefano et moi nous promenions dans le couloir de l'université et tous les soirs, nous nous perdions dans une conversation téléphonique éternelle et futile, qui pouvait durer jusqu'au lendemain matin.

En gros, c'était moi qui parlais. De la crise que je traversais avec celui qui allait devenir Mon Mari, de ma crise en général, de littérature comparée, de tout et de rien.

Stefano écoutait.

Je n'ai rencontré personne, ni avant ni après lui, qui sache le faire avec autant d'attention.

C'était comme s'il parlait, en écoutant. Voilà, oui. Stefano parlait et ne s'exposait jamais au risque de dire une chose banale comme ça : en écoutant.

Qui sait pourquoi nous ne nous sommes même pas embrassés, au cours de ces cinq mois… Je me le suis souvent demandé. Je me le demande à l'instant même.

Je crains que ce ne soit en vertu du sortilège qui enveloppe les corps des âmes qui nous convainquent le plus. Et en vertu duquel nous engageons tout notre être précisément avec ceux qui, dans quelque partie refoulée de notre cœur, ne nous convainquent pas pleinement.

Et qui, d'un jour à l'autre, sont susceptibles de nous appeler de Dublin pour nous dire : « Tout est fini. »

Peut-être l'amour a-t-il à voir avec un doute de fond.

Avec une contre-indication.

Tout au moins pour des gens comme moi. Parce que pour ceux qui sont comme Tania Melodia, dotés d'une réelle et évidente vocation au plaisir, non : ceux qui lui ressemblent prennent « tout ce qu'il y a de bon à prendre ».

Ils prennent le plus beau de « Loft Story » et le plus intelligent.

N'ont pas peur d'être heureux, tout simplement, n'ont pas besoin d'une prescription, pour se laisser aller.

Qui sait.

Les yeux jaunes de Mon Mari scintillaient depuis le début d'infinies contre-indications.

Avec Stefano, je n'avais jamais éprouvé même l'ombre d'un doute.

Il était absolument romantique, intense, il aimait lire Tolstoï à voix haute, aller au cinéma tout seul à trois heures de l'après-midi, courir sur les quais du Tibre juste après le coucher du soleil, il aimait les camélias, Jeff Buckley, l'équipe de foot de Bergame.

Et il m'aimait, moi.

Mais il ne m'a jamais embrassée.

De temps en temps, nous nous écrivons sur Facebook. Je lui souhaite un bon anniversaire, et lui aussi. Rien de plus.

Mais aujourd'hui, inspirée par Tania Melodia et par une certaine idée qui fait son petit chemin dans ma tête, pour mes dix minutes quotidiennes, je me connecte et lui écris : *Salut. Tu voudrais qu'on se voie cet après-midi ?*

Stefano répond immédiatement.

Et il écrit : *Avec grand plaisir.*

Nous nous donnons rendez-vous à la station de métro où se tient ce dimanche le marché aux puces.

Mais cette fois-ci, c'est bien le tour des vêtements.

Nous flânons au milieu des étals.

Stefano est resté le même qu'il y a quinze ans : le même raffinement spontané dans ses pensées, les mêmes gestes feutrés, le même sourire timide.

Sans contre-indications.

Avec toujours les mêmes discours infinis et nauséabonds dont j'ai besoin, je lui raconte cette année tourmentée.

En deux phrases, il me raconte la sienne.

— J'enseigne le grec et le latin dans le lycée où j'ai commencé à travailler après mon diplôme. Depuis quelques mois, je sors avec une de mes collègues, professeur de français.

Nous nous asseyons au bar de la place et prenons un chocolat chaud.

Je parle, je parle, je parle.

Il écoute, il écoute, il écoute.

Nous marchons dans le quartier, passons devant la Maison de la Couture, le fleuriste, le magasin du Chinois. Je salue la petite dame, la Viking, le Chinois.

— Tu vis ici depuis si peu de temps, et tu connais déjà tout le monde, hein ? Ça ne m'étonne pas… sourit Stefano. Tu as toujours eu un talent exceptionnel avec les gens, toi.

Je voudrais lui expliquer que mon talent exceptionnel, s'il a jamais existé, s'est fait la malle depuis un an et demi, en emportant toute ma vie, et que, si je n'avais été obligée de faire une certaine expérimentation selon les principes de Steiner, je n'aurais jamais su entrer en relation avec ces personnes.

Mais au lieu de cela, je m'arrête, je ferme les yeux et je lui demande :

— Stefano ?

— Oui ?

— On s'embrasse ?

Je reste silencieuse, il reste silencieux. Les secondes passent. D'autres. D'autres encore.

J'ouvre les yeux. Stefano affiche une expression que, si je ne le connaissais pas, je pourrais prendre pour de la peur. En réalité, non. C'est seulement une expression désolée. Mortifiée.

— Chiara…, articule-t-il, embarrassé, en fixant le bout de mes baskets.

— Stefano…, dis-je à mon tour, en fixant le bout de ses mocassins.

— Si tu savais combien j'ai espéré ce moment, il y a quinze ans, souffle-t-il en essayant de me regarder dans les yeux sans y parvenir, finissant par revenir à la pointe de mes chaussures. Mais tu étais… inembrassable… C'est ce que j'ai écrit, un soir, dans mon journal. *Chiara est inembrassable.*

— Pourquoi ? Tu me plaisais énormément.

— Non, ce n'est pas vrai, répond-il, et il me regarde enfin, avec ces yeux châtains, sincères, intelligents et bons. Ou peut-être est-ce vrai. Je te plaisais. Mais tu étais éperdument, irrémédiablement amoureuse de ton mari. Il n'y avait d'espace pour personne d'autre. Ou tout au moins pas pour quelqu'un qui éprouvait pour toi ce que j'éprouvais alors.

— Je ne m'étais pas rendu compte que tu…

Incroyable : maintenant, c'est moi qui suis devenue la plus timide.

— C'est vrai. Ce n'était pas seulement que tu me plaisais, Chiara. J'étais complètement fou, fou de toi. Si tu veux, je te ferai lire mon journal de ces mois-là. Je me souviens encore de ce que j'ai écrit le jour où je t'ai rencontrée. *C'est une personne que je voudrais passer le restant de ma vie à regarder rire.* C'est ce que j'ai écrit.

Je m'approche. Je lui caresse le visage. Il me prend les poignets. Et ? Et il les éloigne, doucement.

— Je suis désolé, Chiara. Je suis très lié à Sophie, aujourd'hui. Je suis complètement fou, fou de Sophie.

— Sophie ?

— Ma collègue.

— Ta collègue de français. Bien sûr. Pardonne-moi.

— Ça te paraîtra ridicule, je sais… mais si je suis amoureux, je ne peux pas…, dit-il en regardant à nouveau mes chaussures.

— Bien sûr, bien sûr. Pardonne-moi, pardonne-moi.

Je voudrais disparaître dans l'instant. Tout de suite. Tout de suite, je voudrais disparaître. J'essaie de sourire. Mais j'ai envie de pleurer. Et une larme ne résiste pas : elle s'échappe.

Stefano l'essuie d'un doigt. Il me passe le doigt sur les lèvres. Toujours comme ça, comme il sait si bien le faire : doucement.

— Et puis, tu aurais vraiment voulu que notre premier baiser serve juste à faire du mal à ton mari ? me demande-t-il.

— Ce n'est pas pour ça.

Rien à faire. Les larmes ont maintenant la voie libre et coulent de mes yeux, sans frein, inondant tout mon visage.

— Tu es sûre ?

— Non !

Finalement nous rions. Il rit et je ris, tout en continuant à pleurer.

— Écoute, Stefano.

— Je t'écoute.

— Au moins, un petit câlin.

— Quoi ?

— Peux-tu au moins me prendre dans tes bras ?

Stefano ouvre les bras, me dit « Viens là » et me serre contre lui. Il m'embrasse comme on embrasse une grand-mère qui fête ses cent ans, une petite fille qui vient de s'écorcher le genou, comme on embrasse un amour gentil, innocent, sans contre-indications, un amour qui aurait pu exister, mais qui n'a pas vécu et ne vivra pas.

— Merci. Maintenant, reste comme ça, Stefano. S'il te plaît. Un petit peu. Juste dix minutes.

– 29 –

Lundi 31 décembre
Saint-Sylvestre
Lever du soleil 7 h 38
Coucher du soleil 16 h 49

Harry Potter

Et voilà, même cette année 2012 a réussi.

Elle a franchi la ligne d'arrivée.

Pour l'occasion, j'ai demandé à Ato de me faire un cadeau : choisir à ma place quoi faire aujourd'hui de mes dix minutes.

L'année qui se termine a certainement été la plus impossible et la plus exténuante de ma vie. M'en remettre à la volonté d'un autre, ne serait-ce que pour dix minutes, me donne la sensation de ne pas être si seule, aujourd'hui.

Bien que je le sois.

Bien que je sois seule, archi-seule.

Je n'ai pas même un vague programme pour ce soir, pour ne parler que de ça.

Ato ira à un réveillon organisé par son école, Gianpietro

est à Florence avec son fiancé, Elisa18 fait du ski avec le sien, Rodrigo est au Cap-Vert avec la sienne, Giada fera l'animatrice dans une fête pour enfants, Annalisa est partie dans les Pouilles, chez ses parents.

Aucune des personnes avec lesquelles cela aurait du sens de me libérer de 2012 n'est disponible.

Ato est debout dans l'embrasure de ma porte, il me trouve sur mon lit, en train de faire la chandelle.

— J'ai trouvé, annonce-t-il en me tendant un livre, *Harry Potter à l'école des sorciers*. C'est le premier de la série. C'est impossible que tu ne l'aies pas encore lu. Tu verras que si tu le lis pendant dix minutes, tu ne pourras plus résister. Tu le finiras et tu voudras aussi lire les autres.

Bien : en voilà une belle idée.

Je n'ai jamais rien eu contre *Harry Potter*, évidemment. Au contraire, j'ai même toujours voué une admiration sans bornes à J. K. Rowling et à la fantastique parabole qui l'a sauvée de la dépression, l'amenant à devenir une des femmes les plus riches de la planète, grâce au seul pouvoir de son imagination.

Simplement, parmi tous les heureux-malheureux phénomènes qui crèvent le voile de l'indifférence générale et parviennent à entrouvrir l'imaginaire collectif, il arrive que certains nous passent au-dessus de la tête, ou glissent sous nos pas.

Et ne nous atteignent pas. Parce que nous pensions à autre chose, parce que nous buvions un café, parce que nous étions au bon endroit au mauvais moment, au mauvais endroit au bon moment. Ça arrive.

— Tu n'as pas encore lu mon dernier livre ? m'a demandé le grand Alberto Arbasino quand j'ai eu l'occasion de le rencontrer personnellement. Quelle chance tu as ! a-t-il soupiré.

Parce que en effet, le meilleur de la vie est dans toutes les expériences intéressantes qui nous attendent encore : je suis en train de l'apprendre avec le jeu des dix minutes.

Et donc, il réside aussi dans les livres que tout le monde a lus mais, pour un quelconque motif, nous pas encore.

Chapitre 1
Le survivant

Je commence.

Comme l'avait prévu Ato, après deux minutes et trois pages, je suis déjà prise d'une transe à laquelle je ne peux renoncer quand le réveil m'annonce que dix minutes se sont écoulées.

Et je poursuis.

Je vois Harry Potter grandir auprès de ses horribles oncle et tante et je comprends qui est ce tristement célèbre cousin Dudley auquel Ato craignait tant de ressembler avec les cheveux courts.

Je finis par partir avec Harry pour l'école de Poudlard.

Je rencontre Hermione, je rencontre Ron.

Ato frappe à ma porte, c'est l'heure du déjeuner.

Je lui demande s'il veut bien se faire réchauffer une pizza surgelée, car je ne peux pas manger avec lui aujourd'hui.

Je dois lire.

Et au moment précis où je me dis que ce ne serait

pas si mal de passer ce réveillon allongée dans mon lit, avec Harry, Albus Dumbledore, le terrifiant Voldemort et Hagrid le géant, mon téléphone sonne.

Je décroche sans décrocher les yeux de mon livre.

— Allô ?

— Salut, Mister Magoo.

C'est comme si la cape d'Invisibilité de Dumbledore me tombait dessus. Je ne ressens plus rien. Rien. Je ferme le livre.

— Tu fais quoi, ce soir ?

Comme si cela ne faisait pas presque deux semaines que nous ne nous étions pas vus. Comme si je ne lui avais pas expliqué clairement comment je vais et ce que je veux. Et comme si lui, depuis lors, n'avait pas disparu. À nouveau.

— Je ne sais pas.

— Moi j'aimerais te voir.

— Pourquoi ?

— Parce que je crois que le moment est venu de parler sérieusement, Magoo.

— Encore ? Mais n'avons-nous pas déjà trop parlé ?

— Peut-être. Mais moi, j'ai encore besoin de parler. Ne serait-ce qu'une dernière fois.

— …

— Ou peut-être une première.

— …

— Magoo ?

— Tu sais de quoi j'aurais besoin, moi, par contre ?

Je le découvre en le disant.

— De quoi ?

— De rester silencieux. Ensemble. Toi et moi. Pendant les dix premières minutes de 2013. Ensuite tu pourras me dire ce que tu veux. Mais, pendant ces dix minutes : pas un mot. Restons muets. Nous ne l'avons jamais fait, en dix-huit ans. S'il te plaît.

— … Si tu y tiens vraiment, d'accord.

— J'y tiens.

— Veux-tu venir dîner ici, chez moi ? Mon collègue a quitté Rome, je suis seul.

Si un éclair de Voldemort m'avait frappée en plein cœur, il m'aurait fait moins mal : *chez moi !* Pour Mon Mari, désormais, la maison de son collègue est la sienne, c'est ça ? *Poudlard, Poudlard, Pou du Lard du Poudlard, Apprends-nous ce qu'il faut savoir,* je pense à l'hymne que Dumbledore fait entonner à Harry et aux autres élèves de l'école de magie : *Poudlard, Poudlard, Pou du Lard du Poudlard, Apprends-moi à faire semblant de rien*, me dis-je intérieurement.

Et à lui :

— Non. Voyons-nous devant le jardin de Vicarello. À minuit moins trois minutes. Comme ça, on se dit bonjour et ensuite on passe tout de suite au silence.

Mon Mari est perplexe.

— D'accord… Tu préfères pas que je passe te prendre en voiture et que nous allions ensemble à Vicarello ?

— Non, merci. Je redoute trop ce que nous nous dirons pendant le trajet.

— Magoo, tu vas bien ?

— Oui. Ou plutôt non. Ou plutôt, salut. À tout à l'heure.

Je raccroche.

Je vais dans la salle de bains, je me regarde dans le miroir.

Il faut absolument que je me lave les cheveux pour

arriver à ressembler si ce n'est à une femme, au moins à un être humain : pour l'instant, je ne suis qu'un fantôme livide, ébouriffé et en pyjama. Qui, jusqu'à il y a quelques minutes, pensait passer le Nouvel An à Poudlard avec Harry Potter. Mais qui finalement le passera à Vicarello, avec son mari.

— Magoo, tu me manques. Magoo, je t'aime. Pardonne-moi de m'être enfui et pardonne-moi d'être revenu sans avoir encore les idées claires. « Chez moi » n'existe pas. C'est « chez toi » qui existe. Seulement « chez nous ». Maintenant, enfin, je le sais, dis-je, à haute voix à mon image reflétée dans le miroir.

C'est bien ce qu'il a l'intention de me dire, non ?

C'est pour cela qu'il veut me voir. C'est pour cette raison qu'il veut commencer l'année avec moi.

— Pour quelle autre raison, sinon ? dis-je toujours à mon image, qui me répond.

— Oui ! me répond-elle.

— Attention au Miroir du Riséd, me répond-elle.

— Attention au Miroir du Riséd, me dis-je encore à moi-même, à voix haute.

Il ne nous montre rien d'autre que le désir le plus profond, le plus cher, que nous ayons au fond de notre cœur. Toi qui n'as jamais connu ta famille, tu l'as vue soudain devant toi, explique le sage Dumbledore à Harry Potter. *Mais ce miroir ne peut nous apporter ni la connaissance, ni la vérité. Des hommes ont dépéri ou sont devenus fous en contemplant ce qu'ils y voyaient, car ils ne savaient pas si ce que le miroir leur montrait était réel, ou même possible*[1].

Attention. Attention au Miroir du Riséd.

Je continue à le murmurer comme un mantra, dans le train, pendant tout le trajet vers Vicarello.

Attention au Miroir du Riséd.

1. Citation extraite de J. K. Rowling, *Harry Potter à l'école des sorciers*, Gallimard, 1998.

– 30 –

Mardi 1er janvier
Lever du soleil 7 h 38
Coucher du soleil 16 h 49
Premier quartier de lune 7 h 16

Chuuuuut

00 : 01
00 : 02
00 : 03
00 : 04
00 : 05
00 : 06
00 : 07
00 : 08
00 : 09
00 : 10
— Bonne année.
— Bonne année, Mister Magoo.

Nous sommes assis dans le potager de Vicarello, parmi les tomates et les choux-fleurs. Au bord du lac, dans le lointain, explosent les premiers feux d'artifice.

Je m'approche de lui. Il s'approche de moi.

Nous nous embrassons.

Pendant une, deux, cent minutes.

Encore.

Tandis que les feux d'artifice deviennent comme fous, nos chiens dans la cour tremblent, notre maison de toujours nous protège, le froid ne nous atteint pas et la nuit glisse sur nous. Jusqu'à ce que, sans en demander l'autorisation, l'aube apparaisse.

Et nous trouve ainsi.

Allongés sur la terre humide, avec les jambes emmêlées, mon ventre collé à son dos, comme quand nous ne formions qu'un, comme quand nous semblaient inutiles toutes les positions que nous devions tenir dans la journée et qui n'étaient pas celle-ci.

— Que voulais-tu me dire de si important ? je lui demande.

Il se retourne, me caresse les cheveux. Les épaules. Il m'embrasse sur les yeux. Et il commence :

— Je suis dans un état de grande confusion, Magoo. Une partie de moi voudrait revenir à toi et voudrait que nous passions toute notre vie ensemble. Une autre partie sait qu'il y aurait d'autres incompréhensions, d'autres Siobhan, d'autres appels de Dublin. Et veut vivre au jour le jour. Comme je le fais en ce moment. Certaines règles du mariage ne sont pas faites pour moi : maintenant, j'en suis sûr. Elles ne seront jamais pour moi. Cela n'enlève rien au fait que tu es la seule personne qui compte pour moi, la plus importante. Je n'arrive pas à me séparer de toi… Mais toi, il faut absolument que tu apprennes à m'accepter comme je suis. Je vis dans une chambre que je loue à un collègue, je me suis découvert plutôt sensible à toutes les

Siobhan qui existent : ça va bien, je l'admets. Pourquoi persistes-tu à me vouloir différent ? Tu peux le faire avaler à tout le monde, Magoo, mais pas à moi : tu peux apparaître aux autres comme une femme, tu peux avoir l'illusion de l'être. Mais moi, je te connais. Je sais qui tu es. Tu es et tu seras toujours une petite fille effrayée avec de longues tresses. Une magnifique petite fille effrayée avec de longues tresses. Qui ne sait pas conduire, ne sait pas prendre soin d'elle, ne sait pas manger comme il faut et qui se heurte à ses peurs et au monde. Cette petite fille a besoin d'un homme qui, même à sa manière, sache la protéger. Un homme qui comprenne ce qui lui échappe même à elle. Tu as besoin de moi, Magoo. Autrement, pourquoi te serais-tu écroulée quand je suis allé à Dublin et à New York ?

Pourquoi ne t'es-tu pas encore relevée ? Parce que tu as besoin de moi. Voilà pourquoi. Fais la paix avec cette vérité évidente et arrêtons de nous forcer à former un couple heureux. Personne ne l'est. Chacun se démène comme il peut, les gens se trompent, se déçoivent, se contentent de ce qu'ils ont. La vie est trop courte pour se contraindre… Non ?

– 31 –

Mercredi 2 janvier
Lever du soleil 7 h 38
Coucher du soleil 16 h 50

Comme un enfant

Carmine Pisacane me regarde par-dessus son bureau de directeur de la Cité des Enfants.

Puis il regarde dehors par la fenêtre : Ato est en train de jouer au foot, avec ses camarades, sur le terrain de la Cité.

— Il a l'air serein, me confie-t-il en souriant. Il m'a dit qu'il avait passé un merveilleux Noël. Ce sont ses mots : merveilleux.

Comme à son habitude, Pisacane fait preuve d'une grande sérénité. Il est calme, affable, m'a raconté le réveillon du Nouvel An à la Cité, parlé de l'Inter Milan et du dernier concert de Bruce Springsteen.

À l'inverse, je suis tendue. Très tendue. Et dès qu'il commence à parler d'Ato, je n'y tiens plus.

— Que se passe-t-il ?

Pisacane continue à sourire.

— Rien, Chiara. Il ne se passe rien. Rien de grave, du moins, soyez tranquille.

— Votre appel m'a inquiétée.

— J'en suis désolé. C'est vrai qu'il faut que nous parlions d'une chose. Mais cela pourrait se révéler une bonne opportunité.

— C'est-à-dire ?

— C'est-à-dire que, comme vous le savez, la Cité accueille des enfants à partir de douze ans, et quand ils deviennent majeurs, il faudrait les transférer dans des foyers pour immigrés ou les mettre dans les conditions de trouver du travail et, par conséquent, un endroit où vivre, éventuellement en location.

— Oui.

— Il nous arrive de faire des exceptions, comme dans le cas d'Ato. Il aura bientôt dix-neuf ans, mais, vu sa situation, nous étions d'accord pour nous en occuper jusqu'à ce qu'il termine le lycée.

— Oui.

Oui. Mais je ne vois pas où Pisacane veut en venir et je ne parviens qu'à prononcer ces « oui ».

— Mais la Cité des Enfants a des règles.

— Oui.

— D'autant plus pour quelqu'un comme Ato qui a dépassé la limite d'âge, il faut que nous respections ces règles. Nous avons besoin de collaboration, de présence. Il s'agit de participer aux assemblées, à la vie de tous les jours.

— Oui.

— Non.

— Comment « non » ?

Je me réveille.

— Depuis qu'Ato va chez vous, il est souvent absent.

Presque chaque lundi, il reste chez vous. Les autres enfants et les éducateurs le remarquent. De même qu'ils ont remarqué que, pendant ces vacances, Ato ne s'est pas montré une seule fois.

— Pardonnez-moi. C'est aussi ma faute si le lundi Ato reste chez moi, au lieu de revenir.

Je baisse le regard en répétant mes excuses.

— Pardon ? Faute ? Ce n'est pas la question, Chiara.

— Quel est le problème, alors ?

Parce que, moi, vraiment, je ne comprends pas.

— Le problème est qu'Ato doit prendre une décision. Veut-il continuer à faire partie de la Cité ? Ou veut-il en sortir ?

— Soit il rentre, soit il sort, en gros. S'il reste sur le seuil, il empêche tout le monde de passer, bien sûr, me dis-je, à voix haute.

— Quoi ?

— Rien, rien.

— Chiara.

Tout à coup, Pisacane a de nouveau le ton qu'il avait au téléphone.

— Chiara, souhaitez-vous qu'Ato vive avec vous, au moins jusqu'à ce qu'il obtienne son diplôme ?

— Ato ? Avec moi ?

Ato. Avec moi.

— Ce garçon a fait des progrès immenses depuis qu'il vous connaît. Il est plus léger, moins enfermé dans sa carapace de douleur, dans ses élucubrations. Si je peux me permettre, il me semble que vous aussi, vous êtes très liée à lui et que cette relation vous a rendue plus forte.

— En effet.

Pisacane est au courant, naturellement, de ce qui

m'est arrivé l'année dernière : le lui raconter a été une condition fondamentale pour rendre possible un pacte de confiance entre nous et permettre à Ato de venir passer les week-ends chez moi.

— Cela ne changerait pas grand-chose, si Ato emménageait chez vous. Il s'assume déjà d'un point de vue économique.

C'est vrai.

— Ato est indépendant, il a presque dix-neuf ans : s'occuper de lui ne serait pas comme s'occuper d'un enfant qui a besoin de tout pour survivre. Mais cela reste bien sûr une responsabilité. Une énorme responsabilité. Ce serait comme avoir un enfant, disons. Un grand enfant, dégourdi. Mais quand même un enfant. Seriez-vous prête à cela ?

– 32 –

Jeudi 3 janvier
Lever du soleil 7 h 38
Coucher du soleil 16 h 51

Saute !

— Et moi, docteur, j'ai répondu que oui, j'étais prête.

— Un grand engagement.

— Cela va vous paraître absurde, mais avant de répondre, j'ai regardé ma montre. Pisacane me parlait d'Ato depuis exactement dix minutes, quand il m'a clairement exprimé la possibilité d'en prendre la charge. Pas une de plus, ni une de moins. Et alors j'ai réalisé. Oui : mes dix minutes aujourd'hui seront celles-ci. Elles sont celles-ci.

— Un grand engagement, je le répète.

— Vous croyez ?

Mais à son regard, j'ai l'impression que ma psy dit « grand engagement » tout en voulant dire autre chose.

— Oui, je me rends compte du grand engagement que cette responsabilité implique. Mais…

— Mais ?

— Mais je crois que, pour certaines personnes, nous n'avons pas besoin de faire d'effort pour les accueillir, elles sont déjà entrées dans notre vie sans que nous nous en apercevions.

— C'est vrai.

— Ato est déjà dans ma vie. Il s'agira seulement de passer avec lui sept jours de la semaine au lieu de trois et demi.

— C'est vrai.

— En même temps, pour certaines personnes, nous n'avons pas d'efforts à faire pour qu'elles sortent de notre vie. Elles sont déjà dehors. Elles aussi, elles sont sorties sans que nous nous en apercevions.

— Vous parlez de votre mari.

— Oui. Quand il m'a fait cette proposition, si nous pouvons l'appeler comme ça, au Nouvel An, j'ai senti comme une main me prendre là, à la gorge, et serrer fort. Très fort.

— …

— J'ai pleuré. Je n'arrivais pas à m'arrêter. Mais c'étaient des pleurs différents de tous les autres. On aurait dit une crise d'asthme. Quelque chose de primitif, de bestial. Je ne sais pas comment l'expliquer… Je ne pleurais pas parce que sa proposition absurde me décevait, mais parce que la femme dont il parlait ne me ressemble plus. Et je pleurais parce que lui, tout en parlant, ne ressemblait plus à l'homme dont j'ai été amoureuse. Dont je serai toujours amoureuse. Avec lequel je formerai toujours un seul Primaire. Docteur…

— Oui ?

— Changer est mortel.

— Chiara ?

— Oui ?

— Changer est vital.

— …

— …

— Vous savez, je repensais à *Egoland.*

— Bien sûr, *Egoland.* Votre nouvelle.

— Oui. *Egoland.* La ville où chaque immeuble est d'une seule couleur. Le *E* est majuscule, dans *Egoland.*

— Naturellement. C'est un nom de ville.

— Bien sûr. Mais le problème est que dans ma tête, j'ai toujours pensé certaines choses de cette façon, avec une majuscule.

— Par exemple ?

— Par exemple, Ma Chronique. Mon Mari. Ma Maison de Vicarello. Toujours une majuscule. Surtout le M de Ma, de Mon.

— Et ?

— Et en fait, je me rends compte que si jamais je publiais ce roman, je l'appellerais *egoland*, avec un *e* minuscule.

— Intéressant.

— De se penser en minuscules ? C'est nécessaire, je le crains.

— …

— Aujourd'hui, c'est le dernier jour de l'expérience des dix minutes.

— Je sais.

— Ce qui me surprend le plus, c'est…

— C'est ?

— Ce n'est pas ce que j'ai découvert.

— C'est-à-dire ?

— C'est-à-dire, bien sûr, j'étais stupéfaite de découvrir qu'il y a des façons innombrables de remplir ces dix minutes, si on y met du sien.

— Mais ?

— Mais j'ai été encore plus stupéfaite de découvrir ce qui existait déjà. Par exemple la Cité des Enfants. Ma mère. Gianpietro. Elisa18. Giada. Annalisa. Les quatre-vingt-neuf invités de ma fête de Noël. Les magasins juste en bas de chez moi. Le roman que je ne pensais pas avoir en moi, mais qui y était à l'évidence, puisque je ne peux plus m'arrêter de l'écrire. En bref, docteur…

— En bref ?

— Je n'ai plus mon amour. Je n'ai plus de maison que je sente vraiment mienne, je n'ai plus le travail qui me plaisait. Je n'ai plus de pivot, voilà. Mais la vie qui tourne autour de ce pivot absent n'est peut-être pas si mal.

— Vous voyez, Chiara, c'est la vie qui est le seul pivot possible. Elle est le pivot et la roue à la fois, la vie.

— Docteur ?

— Oui ?

— C'est trop compliqué pour moi, à l'heure qu'il est. Je viens à peine de quitter un mari, de prendre la charge d'un enfant.

— Vous avez raison.

— …

— Donc, Chiara ? Qu'avez-vous en tête aujourd'hui, pour le grand final ?

— Rodrigo, mon ami violoniste, est de nouveau à Rome. Il m'a invitée à voir un spectacle d'Antonio Rezza, qu'il connaît bien. Vous voyez qui c'est ?

— Bien sûr.

— Moi je ne l'ai jamais vu à l'œuvre. Il paraît que c'est un spectacle exceptionnel. Il s'intitule *Fraction X*.

Chaque soir, à un certain moment, Rezza a besoin de deux personnes qui, justement pendant une dizaine de minutes, sautent sur scène, pendant qu'il fait un monologue. Et grâce à Rodrigo, ces deux personnes, ce soir, seront Ato et moi.

Antonio Rezza est unique en son genre, il a les yeux débordants de visions, et l'énergie de qui s'évertue à les communiquer au monde entier.

Flavia Mastrella, qui travaille avec lui depuis toujours et s'occupe de la régie et de la scénographie des spectacles, nous accueille à l'entrée du théâtre.

Malgré l'abus qui est fait aujourd'hui du mot « artiste », tandis que je les observe discuter dans la loge, avec des mots et des gestes qui n'appartiennent qu'à eux, et à personne d'autre, je n'ai aucun doute : Antonio et Flavia sont deux artistes. Antonio s'approche de nous et embrasse Ato.

Fraction X est un spectacle sur la simplification monstrueuse et inévitable à laquelle aucun de nous n'échappe : sur notre « diffraction » justement. Sur ce Moi qui devrait être un ami mais qui à l'inverse nous anéantit.

— Il nous réduit à être des épouses, des maris, à être Mario, à être Antonio, à être Chiara. Et surtout à le croire, m'explique Rezza.

Il nous réduit à croire que nous sommes des petites filles éternellement effrayées avec de longues tresses, me dis-je.

Flavia a conçu pour la scène deux gigantesques faisceaux de lumière : deux toiles fixées aux extrémités du plateau qui, rien qu'à les voir, nous transmettent toute la liberté qu'être nous-mêmes devrait nous garantir. Et la prison que cela finit au contraire par devenir.

Nous écoutons Antonio, fascinés, jusqu'à ce qu'il dise, s'adressant à Ato et moi :

— C'est donc vous, les sauteurs de ce soir ?

— C'est nous.

— Parfait. Déshabillez-vous et suivez-moi, pour que je vous explique quand et comment vous devrez entrer sur scène.

— Déshabillez-vous ? lui fais-je.

— Déshabillez-vous ? me fait écho Ato.

— Oui, répond Rezza, expéditif. Le monologue parle de trahison, en gros. À propos de Rita et Rocco, un couple en crise. L'homme et la femme qui sautent, pendant que je parle, doivent être complètement nus, au moins jusqu'au buste. Rodrigo ne vous l'avait pas dit ?

Non. Rodrigo ne nous l'avait pas dit.

Mais entre la gêne de me déshabiller et la gêne de planter quelqu'un qui a les yeux de Rezza, je choisis la première option.

Et je me déshabille.

Comme ça.

Comme si rien n'avait été plus spontané.

Je marche derrière Ato, qui suit Antonio en coulisses.

Je me mets à ma place, j'attends que l'obscurité se fasse dans la salle, j'attends que les lumières de la scène s'allument, j'attends que Rezza entame son monologue sur la trahison.

Je souris à Ato et lui murmure :

— C'est à nous.

Nous entrons en scène.

Nus.

Nous nous recroquevillons, chacun derrière une des toiles créées par Flavia.

Et pendant qu'Antonio Rezza envahit la scène avec la violence et la poésie de ses visions et que j'attends qu'il prononce « Rita » pour commencer à sauter, je réfléchis.

Je me dis que nous nous fions à des « diffractions » qui, par leur nature même, sont trompeuses, c'est vrai.

Mais nous sommes aussi terrorisés par des « diffractions » qui, par leur nature même, sont nécessaires.

Je pense qu'un détachement ne marque pas forcément la fin d'une expérience.

Au contraire : il peut même lui donner l'occasion de durer pour toujours.

Je pense à ma maison de Vicarello, je pense à mon mari, je pense à ma chronique.

Je regarde Ato, recroquevillé comme moi, qui attend qu'Antonio Rezza dise « Rocco » pour bondir.

Et je pense à ce que j'ai vécu, à ce que je vivrai, à ce que je suis en train de vivre en ce moment.

Parce que parmi les infinies simplifications dans lesquelles nous pensons nous mettre à l'abri et dans lesquelles nous nous perdons, il y a une chose, une seulement, qui ne triche pas et que nous ne pouvons pas tromper.

Cette chose est le temps.

Qui est une petite chose si nous sommes heureux.

Qui est immense si nous sommes désespérés.

Qui en tout cas est là.

Avec une longue, exténuante, miraculeuse série de dix minutes à disposition.

Nous avons l'occasion de faire ce que nous voulons de la majeure partie de ces dix minutes.

Mais parfois, nous sommes proprement incapables de la saisir, cette occasion.

Parfois, même, cela nous semble un renoncement.

Ces moments sont des mensonges.

Mais par bonheur, il y a des moments comme celui-ci.

Où Antonio Rezza dit « Rita ».

Et nous devons sauter.

Nus.

Sauter.

Et rien d'autre.

Une année s'est écoulée depuis l'époque où je tenais ce journal.

En juin, Ato passera dans la classe supérieure, avec d'excellentes notes, à deux matières près.

Certains jours, il me met hors de moi, surtout quand il promet de descendre la poubelle et qu'ensuite il l'oublie dans l'ascenseur, ou quand je sors le soir, qu'il me promet qu'il dînera et que par la suite je découvre qu'il n'a rien mangé.

Mais le plus souvent, tout va bien entre nous.

Pour lui permettre de continuer à fréquenter la même école, distante de quatre stations de métro, j'ai prolongé de deux ans la location de l'appartement de Rome.

Fin janvier, la laitue a commencé à sortir.

Le piment, en revanche, n'y est jamais parvenu.

Gianpietro s'est installé avec Mikhail, son fiancé russe.

Mon mari avec l'ex-femme du collègue à qui il louait sa chambre.

Puis ils se sont séparés et il s'est mis avec une amie de l'ex-femme du collègue à qui il louait sa chambre.

Ils se sont séparés, et, en août, il est reparti pour New York faire des mojitos.

Depuis lors, je n'ai plus reçu de ses nouvelles.

En ce qui me concerne, j'ai passé le permis de conduire, j'ai publié mon roman, j'ai une nouvelle chronique dans un hebdomadaire et un autre m'a confié, ironie du sort, son courrier du cœur.

Parfois, je suis plutôt sereine, parfois très triste.

Je n'ai pas encore de nouvel amour, hélas.

Mais je repense à l'expérience de l'année dernière.

Et alors je me dis que, si dans le monde se trouvent des personnes qui jouent du violon, changent des couches, tournent des vidéos porno amateur, enseignent le hip-hop, jardinent et lisent *Harry Potter*, parmi ces sept milliards, il y en aura bien une qui n'attendait que moi, dans les dix minutes au cours desquelles je la rencontrerai.

Table des matières

Composé par Nord Compo
à Villeneuve-d'Ascq (Nord)

Achevé d'imprimer en mars 2016
par CPI à Barcelone

POCKET – 12, avenue d'Italie – 75627 Paris Cedex 13

Dépôt légal : avril 2016
S26389/01